〔日〕山田英夫 ——— 著

范婷婷 ——— 译

不战而胜

新商业模式下的竞争战略

中国科学技术出版社

·北 京·

KYOSO SHINAI KYOSO SENRYAKU KAITEIBAN KANKYO GEKIHENKA DE
IKINOKORU MITTSU NO SENTAKU by Hideo Yamada
Copyright © 2021 by Hideo Yamada
All rights reserved
Originally published in Japan by Nikkei Business Publications, Inc.
Simplified Chinese translation rights arranged with Nikkei Business Publications, Inc.
through Shanghai To-Asia Culture Co., Ltd.

北京市版权局著作权合同登记 图字：01-2022-6560。

图书在版编目（CIP）数据

不战而胜：新商业模式下的竞争战略 /（日）山田
英夫著；范婷婷译 . — 北京：中国科学技术出版社，
2023.5
  ISBN 978-7-5046-9919-0

Ⅰ.①不… Ⅱ.①山… ②范… Ⅲ.①市场竞争—研
究 Ⅳ.① F713.5

中国国家版本馆 CIP 数据核字（2023）第 032256 号

策划编辑	杜凡如　杨汝娜	责任编辑	刘　畅
封面设计	创研设	版式设计	蚂蚁设计
责任校对	焦　宁	责任印制	李晓霖

出　　版	中国科学技术出版社
发　　行	中国科学技术出版社有限公司发行部
地　　址	北京市海淀区中关村南大街 16 号
邮　　编	100081
发行电话	010-62173865
传　　真	010-62173081
网　　址	http://www.cspbooks.com.cn

开　　本	880mm × 1230mm　1/32
字　　数	181 千字
印　　张	9.5
版　　次	2023 年 5 月第 1 版
印　　次	2023 年 5 月第 1 次印刷
印　　刷	北京盛通印刷股份有限公司
书　　号	ISBN 978-7-5046-9919-0/F・1095
定　　价	79.00 元

距本书的第一版出版发行已经过去了六年。在这六年里，经营环境发生了急剧的变化。数字化转型（DX，Digital Transformation）、物联网（IOT）、金融科技（FinTech）等新技术的出现，共享经济、会员合约模式（订阅模式）等新商业模式的兴起，还有可持续发展目标（SDGs）的提出，让企业不仅置身于与之前完全不同的环境，还面临着其自身结构管理等新课题。另外，新冠肺炎疫情的蔓延，也给全世界的企业带来了巨大影响。

但是，也有一些东西没有发生变化。具有代表性的就是日本企业的从众心理依旧根深蒂固，即"同行业的其他公司开始做了，所以我们公司也要做""其他公司都放弃不做了，所以我们公司也要放弃"。

在经济增长领域，大家争先恐后、一哄而上的"满员巴士"现象依旧存在。参与数字化转型、物联网、医疗保健等领域的商业行为，在董事会上容易通过，所以巴士即便已经满员 ①，大家依旧蜂拥而至。于是，不久后就会导致同质产品间

———————————

① 即该领域已经饱和。——译者注

的价格竞争，形成新兴市场的红海化①。最终，日本企业不得不降低自己的利润率。千辛万苦才开发出的新经济领域，绞尽脑汁才思考出的新商业模式，仍是与同行业的其他公司重复着价格竞争。

竞争对手明确，加一把劲就能赶超并反转的竞争模式是日本企业一直以来擅长的。但是反过来说，日本企业由于缺乏经验，因此经常回避竞争，以确立自己企业的独特地位。

本书想强调的战略就是如何通过不参与竞争来贯彻自己企业的独特性。由于同行业并没有示范榜样，所以必须依靠自己来思考相应的战略。为此，我们有必要学习"不竞争的竞争战略"的整体框架，并参考在现实中采用了该战略并获得成功的企业事例。

本书用三个战略，即利基战略、反同质化战略、协作战略来分析并证明企业提高自身利润率其实并不需要竞争。

首先，关于利基战略，本书系统展示了如何找到利基市场的矩阵图，并阐述了十种利基战略。其次，关于反同质化战略，是指通过在领导者企业内部引起无法兼顾的窘境，导致领导者企业无法采取同质化措施，这个战略阐述了四种模式。最

---

① 市场竞争已经白热化，产品、服务同质化严重，企业利润变得微薄甚至负利。——译者注

后，关于协作战略，是指通过进入其他公司的价值链，或者把竞争企业拉进自己的价值链中，与更强的企业共生，从而使自己不会受到攻击，这个战略也阐述了四种模式。

虽然本书的目的是提出不竞争战略，但是不竞争战略是在存在竞争对象的基础上才得以成立的。在此意义上，企业需要具备业界领导者企业无法追随效仿的条件。本书不仅分析了那些实施不竞争战略的企业，作为对比也分析了业界领导者企业所采取的战略。

本书的构成是：第一章阐述不竞争的竞争战略的理论背景和在外部环境激变下的不竞争的竞争战略，还阐述了在被称为"VUCA^①"的并不明确的未来环境中，不竞争的竞争战略将会如何发展变化。第二章至第五章会按照顺序依次介绍利基战略、反同质化战略、协作战略。在每章的前半部分讲述各战略的思考方法，后半部分主要使用日本企业的具体实例来分析各战略并加深对各战略的理解。在每章的最后，本书会整理各个战略需要解决的课题和学习要点。

本书更新了第一版中所刊登的一半以上的企业实例，尝试

---

① 由易变性（Volatility）、不确定性（Uncertainty）、复杂性（Complexity）、模糊性（Ambiguity）这四个英文单词的首字母组成。

以更加浅显易懂的方式进行分析。本书中的所有案例不是都以相同的篇幅介绍的，而是对于重要的案例会用较长的篇幅进行分析。

在不竞争的竞争战略的实践过程中，我们期待企业在竞争中所采取的单一性质的工作方式，即日本企业一直以来擅长的所谓"通过增加分母（劳动时间）来增加分子（成果）"的工作方式会发生一些改变。另外，各企业实例中引用的内容仅限于当时调查的阶段。

目录
CONTENTS

第四章 协作战略——引起竞争的不适应

第五章 不竞争的竞争战略的未来

第一章

不竞争的竞争战略

竞争的优点和缺点

过度竞争的后果

在相互竞争中，如果只加剧价格竞争，会产生什么样的后果？以下通过两个行业的事例来进行说明。

● 医药批发行业

由于老龄化的不断严峻以及传染病的不断出现，医药行业在今后毋庸置疑会是重要的产业。但是从医药批发行业来看，相关企业数量却在不断减少。最近，日本的医药行业逐渐汇总为五大集团：vital ksk 控股公司、东邦控股公司（2009 年转变为控股公司体制[①]）、铃谦（suzuken）公司、阿弗瑞萨（Alfresa）控股公司、美迪发路（Medipal）控股公司。

医药批发行业是指所销售的商品并非自己公司开发和生产的，而是从其他厂商那里采购进货后再进行销售的。换句话

[①] 指以产权制度为基础、以控股公司及其控制下的子公司为主体的一系列运行机制和基本规范的制度体系。——编者注

说，类似于贸易公司的形式，因此我们难以区分每家医药批发公司产品的优劣。这样一来，医药批发公司在销售时就容易引发价格竞争，在经营方面也会越来越重视规模经济[①]效益。例如，各公司单独少量送货的话成本会增加，因此多个公司联合起来一起送货就能提高效益。于是就产生了一系列的企业合并现象，可以说这种现象在医药行业最典型。

● 加油站行业

和医药行业相似的还有加油站（SS，service station）行业。从日本的市场整体需求来看，对加油站的需求在 2005 年左右达到顶峰，之后逐渐减少。而今后的趋势将是电动汽车得到普及，加油站的需求越来越少。

在这种形势下，运营加油站的企业数量也减少了。近年来，如图 1-1 所示，该行业的大企业数量不断减少，最终形成引能仕（ENEOS）、出光产业、科斯莫（COSMO）石油三大集团。

对消费者来说，给汽车加油时选择 A 公司的加油站还是 B 公司的加油站实质上没有多大区别。为此，消费者在位置远近差不多的加油站中，会驱车前往价格相对较便宜（哪怕便宜 1 日元）或者加油会赠送积分的加油站加油。积分也是金钱的

---

① 用产品、企业、产业附加值、综合效益等来衡量的发展指数。——编者注

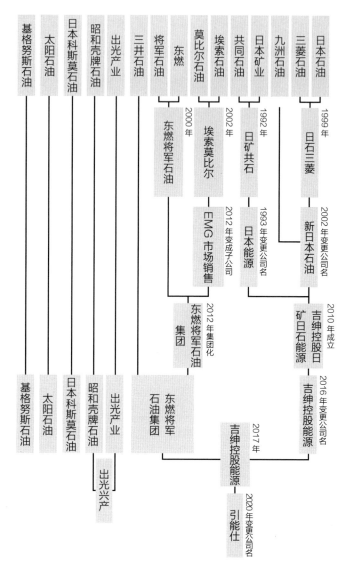

图 1-1　原石油销售企业的变迁

资料来源：根据《日经业界地图》2019 年版修改。

一种形式，实际上加油站行业除了价格没有别的竞争武器了。于是就会导致过度的不正当竞争，加油站企业承受不了这种过度竞争的话就会以企业合并的形式求生存。

竞争的五大优点

当我们在思考不竞争的竞争战略之际，首先要总结和整理竞争的优点和缺点。

关于竞争的报道非常多。例如，各通信公司为了从其他公司那里抢夺用户，不断推出哪怕比其他公司优惠 1 日元的话费套餐；在啤酒、气泡酒、第三类啤酒①领域，伴随着啤酒饮料税率的逐步统一，各公司在自己擅长的领域中不断推陈出新，争夺着其他公司的市场份额。小型汽车领域的铃木（SUZUKI）公司②和大发汽车公司③，家用打印机领域的爱普生（Epson）公司和佳能公司也都在持续进行白热化的角逐，另外，地面无线电视收视率的竞争也决定着各电视台的势力大小。

不仅企业如此，人们从幼儿、青少年时期就开始面临或

---

① 啤酒类酒精饮料被统称为"第三类啤酒"，因为它们既不属于常规啤酒又不属于低麦芽成分啤酒。——译者注
② 成立于 1920 年，是一家日本的汽车制造企业。——译者注
③ 主要生产和销售内燃机，1998 年被丰田公司收购。——译者注

大或小的竞争。应试竞争中哪怕你比对手多考 1 分就能过理想学校的分数线，找工作时也是从向公司投递简历的那一刻起就开始了竞争。进入公司后，为了将来的升职你也必须在激烈的竞争中坚持到最后才能脱颖而出。

竞争的优点，从企业方面可以列举出三点，即：提高企业的能力；扩大市场；激活组织的能量。从顾客方面可以列出：对应多样化需求；降低价格等优点。下面进行详细介绍。

1. 提高企业的能力

在市场中极少只有一家企业存在的现象，往往由多家企业共同存在。日本东京大学经营学教授新宅纯二郎曾说过："大部分企业通过致力于技术改良，相互学习其他企业的改良技术来加速技术进步的进程，这样一来，从整个产业来看，技术进步要比一家企业单打独斗发展得更快。"关于日本企业中常见的同质化竞争现象，哈佛商学院教授竹内弘高批判道："追随效仿竞争对手的行为不能叫作战略。"而日本早稻田大学商学院院长浅羽茂却认为："激烈的同质化竞争，短期内会造成各企业的收益减少，但是通过各企业在竞争中都想要领先一步的努力进取，长远来看会提高企业的整体能力。"

2. 扩大市场

特别是在新的市场领域中，战略咨询专家清水胜彦认为：

"通过增加竞争提高商务活动的曝光度，可以扩大整个市场的蛋糕。"因为通过一定程度的竞争，可以在顾客中提高该产品和服务的认知度，扩大市场份额，使该市场得到发展。

例如，宝酒造公司①在1986年就发售了无醇啤酒"宝"，由于没有知名企业追随效仿，也没有被消费者广泛认识，最终没有形成市场（实际上是被同期发售的乌龙茶夺走了市场）。但是，从2009年左右开始销售的无醇啤酒，却因为受到各家知名企业的纷纷追随效仿而形成了巨大的市场，如今也成了日本餐厅饮料菜单上的固定饮品之一。虽然推出的都是无醇啤酒的概念，但是受是否有竞争对手的追随效仿以及时代背景不同的影响，结果却大相径庭。

如上所述，不可否认的是，竞争在市场的发展和扩大方面确实功不可没。

3.激活组织的能量

通过竞争可以激活组织的能量，使组织具有活力。迈克尔·波特（Michael E. Porter）等学者一直以来所提倡的传统型竞争战略论中，强调一种回避竞争的态度。但是，佩里（Perry）却主张："与其他公司直接竞争时，自己能学到一些可以加强自身竞争力的必要知识。"米尔斯和斯诺（Miles &

---

①　日本著名烧酒、清酒制造商。——译者注

Snow）也指出："想在竞争中求得自保的防御型企业会封锁一切自身和竞争对手的学习机会，同时回避一切可能发生的变化。"

有心理学研究表明，竞争会激活人的动力。美国社会心理学家戴维·麦克兰德（David McClellend）的实验表明，成就欲高的人不会期待机会偶然降临在自己身上，而是希望通过竞争获得该机会。

如上所述，竞争在激活人和组织的活力和动力方面起到了正面作用。

4. 对应多样化需求

作为顾客，可以享受到的竞争带来的优点是企业会想方设法应对消费者多样化的需求，从而提高产品和服务的质量。例如，在日本电信电话公社①一枝独秀的时代，无论如何也产生不了随便通多长时间的电话都收取一样费用的话费计划。而大阪与神户之间的铁路的高速发展，也脱离不了日本铁路公司（JR）、阪急电铁公司、阪神电车公司之间竞争的大背景。在东京，JR和京滨快车（即东京和横滨间的快车）之间曾经也经历了激烈的提速竞争。JR湘南新宿线开通以后，在东急东横线上才诞生了提速后的特快列车。因为大和（YAMATO）运输、佐川急便、日本邮政之间的竞争，在配送到家业务方面才诞生了各式各样的服务。

---

① 日本电报电话公司（NTT）的前身。——译者注

由于存在竞争，企业因此就需要展现出其他企业所不具备的特长，对潜在的用户需求的反应变得更加敏锐。例如，与只有可口可乐公司和百事可乐公司的时代相比，麒麟公司通过推出"特保①可乐"响应了人们既想喝可乐又担心影响健康的、看上去自相矛盾的心理需求（在那之后可口可乐公司和百事可乐公司也追随其后，推出了特保可乐产品）。

5. 降低价格

通过竞争可以使产品价格不断降低。例如，数码家电产品价格不断降低，但是煤气费却一直没有降价，这就能够说明这两个领域是否存在竞争。曾经被三家公司垄断、价格一直维持较高态势的日本航空公司的机票价格，也由于日本天马航空公司②等其他低成本航空公司（LCC）的加入降低了平均价格，诞生了多样化的机票价格体系。另外，由于网上银行和网上证券的登场也使得人们以低手续费进行金融交易成为可能。

竞争的三大缺点

竞争也有缺点，主要是会给企业带来影响。在顾客方面，

---

① 日本消费者厅认证的可以帮助减脂的"特定保健用食品"。——译者注
② 日本的一家廉价航空公司，总部位于东京。——译者注

如果企业的竞争意识过强，就会出现怠慢顾客的情况。

1. 由以顾客为主转向以竞争为主

现代营销学之父菲利普·科特勒（Philip Kotler）和营销学者加里·阿姆斯特朗（Gary Armstrong）认为，企业如果过度重视竞争就会牺牲顾客的利益。理由是过于重视竞争对手，企业就会疏于维护顾客关系，最终导致不去追求提高顾客价值的革新性方法。他们倡议有必要将目标确立为既重视顾客又重视竞争的市场导向。

2. 过度的价格下跌

产品价格下跌对顾客来说是求之不得的，但是对企业来说，如果价格的下跌程度超出了依据波士顿经验曲线①算出的成本降低，企业就会损失利润。例如，曾经发生的"0日元手机"的商业竞争，企业就陷入越卖越亏的竞争中了。

究其根本，这是被称为"恶性竞争"（cut throat competition）的犹如相互割喉般的竞争。例如，亚玛达②（Yamada）电器公司和日本家电量贩连锁比克相机（Bic Camera）公司，就曾相互之间紧盯着对方的卖场和网站的动态不断降价，进行了疯狂的价格大战。

---

① 又称经验学习曲线、改善曲线，是一种表示生产单位时间与连续生产单位之间的关系曲线。——译者注

② 也有译作"山田"，本书采用音译名"亚玛达"。——编者注

3.组织疲敝

如前所述，与同行业的其他公司进行同质化竞争虽然促进了日本企业的发展，但是又导致了企业疲敝。为了模仿其他公司，企业必须时刻注意观察其他公司的动态和发展方向。为了抢夺相同产品和服务的市场份额，如果不调整企业自身拥有的资源以及成本构造，就只能比其他公司的工作时间长或者削减利润产品，卖得比其他公司更便宜才能获胜。这也决定了日本人的工作方式。例如，一家企业和其竞争对手的研究所都在筑波，距离相当近，于是他们规定自己的员工"必须工作到对方研究所房间里的灯光熄灭才能回家"。

这样的竞争不断反复，如图 1-2 所示，日本企业在过去

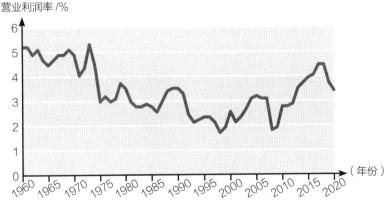

营业利润率 /%

（年份）

图1-2　日本企业营业利润率的变化

注：除了金融、保险行业。

资料来源：根据日本法人企业统计调查制作。

的 60 年间，营业利润率从 5% 的水平开始下降，直到 2020 年也尚未恢复到 5% 的水平（当然，营业利润率的低迷也不排除有新兴国家产品进入日本，还有由于模块化经济引起的参与竞争企业的数量增加等因素）。

其他研究领域关于竞争的启示

企业一直认为竞争的存在是理所当然的，那其他研究领域又怎样看待竞争呢？下面就分别从《孙子兵法》和生物学（生态学）这两个视角来试着探讨竞争。

商务场合中使用的"战略""战术""物流"原本是军事战争用语。我们在销售部门经常会听到的"兰彻斯特法则[①]"也属于军事战争中经常使用的应用法则。因此，我们在理解竞争的概念时会参照战争。关于描述战争的基本诀窍和要点的著作就是中国的《孙子兵法》了。

另外，由于企业是由人构成的组织，因此以前也用生物学（生态学）的类推手法来研究组织和企业活动。例如《组织

---

① 描述作战双方兵力变化关系的微分方程组，战斗力 = 参战单位总数 × 单位战斗效率。——译者注

社会心理学》(*The social psychology of organizing*)、《组织的个
体群生态学》、《企业进化论》等著作。

《孙子兵法》带来的启示

《孙子兵法》是迄今约 2500 年前，由中国的孙武写的一本
军事著作。《孙子兵法》中写道："是故百战百胜，非善之善者
也；不战而屈人之兵，善之善者也。"这就是世间著名的"不
战而胜"的原文。

百战百胜虽然看起来很不错，但是往往杀敌一千自损
八百，取胜的一方也会遭受损失，不战而胜才最理想。如果换
作企业竞争，那么全面的直接竞争会给自己以及竞争对手都
带来负面的巨大打击。例如，以前发生在本田（Honda）公司
和雅马哈（Yamaha）公司之间的摩托车"HY 竞争"；出版界
的音羽集团①和一桥集团②的竞争（主要是讲谈社与小学馆的
竞争）等。在这些公司之间的竞争中，即便是胜出方也出现
了组织疲敝现象。还有在补习学校领域，20 世纪八九十年代
的三大补习学校，即代代木研讨班、河合塾、骏台补习学校，

---

① 日本著名的出版集团，以讲谈社为核心。——编者注
② 日本最大的出版集团之一，由小学馆、集英社、白泉社三家出
版社组成。——编者注

在选拔并拉拢人气讲师等方面展开了残酷的、不讲仁义的竞争，导致后来在 2014 年，代代木研讨班由于受此影响不得不大幅度裁员。

《孙子兵法》的具体战略思想分三种不同情况，即：对手实力弱小；双方几乎势均力敌；对手实力强大，分别记述了不同的战略。

对方实力不及己方的时候，最理想的状况是迫使对方与己方进行业务合作，从而避免竞争，或者通过并购（M&A, Mergers and Acquisitions）将其收归自己伞下。双方势均力敌的时候，要趁对方不备之时进行攻击，或者巧妙地扭转对方的攻势。对方实力强劲，优于己方的时候，或者弃战而逃，或者筹谋不战而存的方法。例如成为强者的合作伙伴，力求生存下去，这也是一种战略。

如上所述，我们可以看到，无论在哪种情况下，《孙子兵法》中描述的战略都不是发动全面竞争，从这里也可以看出"不战"的重要性。

生物学（生态学）带来的启示

对于生物来说，最重要的是"保住性命生存"。生物必然面临两大竞争，一种是异种个体生物之间的竞争，即"种间竞争"；另一种是同种生物个体之间的竞争，即"种内竞争"。通过前者的竞争，强者生存，弱者灭亡。这么看来，自然界的法则便是只有最强者才能生存下去。但是，自然界中却生存着多种多样的生物，这是由于有"分栖共存"的现象存在。

第一，由于分栖生存的环境不同，就有可能形成共存。生物学中把某物种生息的环境和在该环境中的"工作"叫作"利基"。在一个利基中只能栖息一个物种。利基这个词的原意是指以前为了放置花瓶或神像等物品建造的壁龛。最先把它作为生态学用语进行定义的是美国野外生物学家与动物学家乔瑟夫·格林尼尔（Joseph Grinnell），他将利基定义为"某物种或亚物种所占有的栖息地的最终单位"，自此在生态学里"利基"这个词就被广泛使用。"现代生态学之父"乔治·伊夫林·哈钦森（George Evelyn Hutchinson）将利基定义为"某物种生存利用的生活资源以及环境要素的范围的集合"，并开始定量化研究利基。

把以上利基的概念拓展到组织生态学（以特定地域的个体全体为对象的生态学）领域的是迈克尔·哈南（M. T. Hannan）和约翰·弗里曼（J. H. Freeman），他们将利基定义为被限制的空间中的特定区域，并认为在该区域中经过激烈的竞争后能够险胜其他所有个体群。接着这个概念被运用到市场营销领域，菲利普·科特勒将利基定义为"较小规模的特定化的细分市场"。达尔格奇和莱乌将利基市场定义为"由具有相似特征和需求的个别用户或者用户群构成的小规模市场"。

于是进一步诞生了"利基市场营销战略"这个概念，沙尼和卡拉萨尼认为它是"分割出市场中尚未满足需求的一小部分的过程"，斯汤顿称其为"使产品和服务符合小众市场来满足顾客需求的方法"。这样一来，"利基"这个词便从生态学领域扩大为也能表述企业战略的词。

第二，在生物学中，异种个体生物的生存之道不仅有异种生物之间的分栖，还有共存这种形态。比利时动物学家伯内登（Beneden）对此进行了定义，即两种生物在一起生活，一方受益，另一方受害，后者给前者提供营养物质和居住场所，这种生物的关系被称为"寄生"（parasitism）；种间相互作用对一方没有影响，而对另一方有益叫作"偏利共生"（commensalism）；对双方都有益叫作"互利共生"（mutualism）。德国植物学家德巴利（de Bary）将不同生命体共同生活称为"共存"（symbiosis），包含寄生、偏利共生、互利共生的概念也由此诞生。

如上所述，生物学领域也开始使用"共存"的概念，本书涉及的竞争战略中的共存，是以具有持续性关系的多家企业为前提的，因此，可以说接近于双方企业都获利的"互利共生"。

不竞争与利润之间的关系

接下来我们探讨一下竞争和企业利润之间的关系。

迈克尔·波特的《竞争战略》

1986 年，岛口充辉将"竞争战略"定义为"企业从整体上明确掌握新型市场的状况，并以最大的投资回报为目的在具有竞争优势的领域投入经营资源，进行发展的规划和决策"。

在产业组织论中，如果产业过于集中，价格就会高于完全竞争时的价格，此时就会给企业带来超额利润。这个超额利润本来应该归属于社会，企业获得该利润后应该将其归还社会，如果不归还而成为超额盈利企业，则其状态并不理想。但是，波特却反其道而行之，研究企业如何才能达到赚取超额利润的状态。

其实，越脱离完全竞争状态的企业就越能够获得高额利润，为了证明这一点，波特展示和分析了五大竞争要素，它们分别是：现存企业间的竞争（同行业之间的敌对关系）；供应商的议价能力；购买者的议价能力；潜在进入者的威胁；替代品的威胁。换句话说，波特的竞争战略暗示了"不竞争"会给企业利润率带来好的影响。

钱·金和勒妮·莫博涅的《蓝海战略》

钱·金（W. Chan Kim）和勒妮·莫博涅（Renée Mauborgne）的《蓝海战略》（*Blue Ocean Strategy*）也告诉我们"要开创没有竞争的市场""竞争无任何意义"。采取蓝海战略的企业不以竞争对手为标杆进行比较，而是依据和遵从一套和以前完全不同的战略逻辑，这就是价值创新。其特征为：不力求打败竞争对手；开创没有竞争的未知市场；使竞争失去意义。

但是，也有人指出，由于蓝海是不存在竞争的市场空间，因此迄今在业界无法命名。例如，我们无法立刻回答出由于新冠肺炎疫情导致经营破产的太阳剧团① 到底是哪个行业的企业。若比较红海和蓝海之间的区别，则会发现蓝海的主要特征是"不存在竞争"。

---

① 加拿大娱乐演出公司，也是世界最大的戏剧制作公司。——译者注

支持"不竞争"的研究

除了波特的竞争战略和蓝海战略以外，也有很多研究支持不竞争的观点。著有《公司的核心竞争力》一书的著名战略管理咨询师加里·哈默尔（Gary Hamel）在书中提到"成功的方程式并不是和竞争对手正面交手碰撞，而是如何巧妙避开竞争冲突"。美国著名经济学家布鲁斯·格林沃尔德（Bruce Greenwald）和戴维森-卡恩资本管理公司合伙人贾德·卡恩（Judd Kahn）认为"企业重点开发直接竞争较少的利基市场能够提高其利润率"。

在日本，经营管理学者伊丹敬之指出了企业战略和军事战略有许多相似之处，"其最相似的点在于都会把最终目标定为'不竞争'和'不战而胜'"。并提到"那是因为如果竞争激烈，早晚都会形成价格竞争，产品价格不断下跌，导致参与市场的所有企业的利润都会变为零或者负增长"。

如前所述，日本企业一直以来为营业利润率低下而烦恼，没有利润企业就无法存续。为此，在"尽量不去竞争的状态会给企业带来收益"的前提下，如何形成不竞争的状态是今后我们要思考的问题。但是，在现实生活中竞争完全为零的状态是不可能存在的，因此在本书中将"不竞争"定义为"不去和现有行业中的杰出企业对抗竞争"。反过来，和一些谋生性质的公司（例如街头的个人商店）以及采取相同商业模式的公司之间，会存在竞争关系（关于这一点会在第五章详细叙述）。和采取相同商业模式的企业之间的竞争通过生物学的类推便可以理解，生物之间的行为活动会尽量避开对抗，同种中的雄性会围绕雌性展开激烈争斗。也就是说，不同生物间（种间竞争－不同商业模式）会选择不竞争，但是同种生物间（种内竞争－同一商业模式）会进行竞争。

竞争地位的类型

没有哪一种竞争战略适合所有企业。例如，依据企业加入竞争的先后顺序和竞争地位的不同，理想的战略也不同。下面我们将着重阐述在思考不竞争战略时，需要掌握的一些重要的、处于不同竞争地位时的战略。

在以往的研究中往往采取二分法，即将市场分为领导者和追随者。但是，在市场中仅有领导者和追随者的设想是不现实的。关于竞争地位的类型，科特勒从假想的市场份额来分析，将企业分为市场领导者、市场挑战者、市场追随者、市场补缺者。对此，岛口充辉使用科特勒命名的四种类型的名称，按照企业拥有的经营资源的质量将竞争地位分为了四种类型。

领导者企业是该市场中持有最大经营资源的企业，同时资源的质量也最好。挑战者企业持有的经营资源和领导者企业不相上下，是想要并具有可以和领导者企业抢夺市场份额的地位和能力的企业。补缺者企业指持有自己独特经营资源的企业，不过还无法直接和领导者企业对抗。追随者企业是指在经营资源的质和量方面都无法与领导者企业媲美的企业。

本书主要按照岛口充辉划分的这四种类型展开论述。

领导者企业的常规战略

在思考不竞争战略时，如果只单方面分析采用某战略的企业是不充分的。竞争中必然会存在竞争对手，在企业思考自己的战略时，必须事先预测到竞争对手企业会对自己采取怎样的反击。此时，变成竞争对手的领导者企业由于同时具备最优和最大化的经营资源质量，因此最具威胁性。

关于领导者企业应该如何竞争的问题，如前所述，以前有许多以市场营销领域为中心的研究。例如，科特勒将领导者企业战略分为：扩大总市场规模；维持现有市场份额；扩大市场占有率，但是这些内容过于抽象在现实中难以应用。岛口充辉认为更具实践性和操作性的领导者企业的常规战略应该是以

下四种，即：扩大周边需求；同质化战略；非价格竞争；维持
最合适的市场份额。以下对此进行具体阐述。

扩大周边需求

所谓扩大周边需求就是扩大整个市场的蛋糕。领导者企
业对于其他竞争企业来说，在质与量方面都具备优越的经营资
源（生产力、市场营销力、资金）。从而，如果周边需求扩大
了，那扩大了的部分需求只要不因为专利等限制被阻止加入，
领导者企业就可能获得既有市场的一大块份额。

例如，假设迄今为止大部分人一般都在晚上刷牙，如果
类似于"让我们早晚都刷牙吧！"的宣传口号奏效的话，牙膏
的消费量就会增加一倍。由于很少有人会早上用狮王牌牙膏，
晚上换太阳星（Sunstar）牌牙膏来刷牙，因此领导者企业狮王
公司对于扩大了的这部分需求就能够确保既有的份额。通过
扩大周边需求，既可以达到销售额的增长，也可以维持市场
份额。

同质化战略

所谓同质化战略就是针对挑战者企业所使用的差异化战

略，领导者企业利用自身所拥有的相对优越的经营资源对挑战者企业进行模仿，消除其差异的战略。用日本企业来举例，就是曾经的松下公司、丰田公司、麒麟啤酒公司等，它们巧妙模仿了处于自己下位的企业的畅销商品，充分利用了自身企业经营资源的优越性，从而持续雄踞市场首位。除此之外，可以看到日本可口可乐自动贩卖机中，可口可乐公司的原创商品也只有可口可乐一种，其他大多数商品都在模仿别家企业的畅销商品。

非价格竞争

非价格竞争就是不轻易响应处于自己下位的企业所发起的减价销售竞争。因为如果所有的企业联合起来降价 10% 的话，利润额减少最多的就是领导者企业。例如，在单反相机和液压挖掘机中，作为市场领导者企业的佳能公司和小松公司就几乎没有进行过价格竞争。

维持最合适的市场份额

如果抢占过多的市场份额，会触犯日本《垄断禁止法》等法律法规，反而会提高企业的总成本。而且比起把 40% 的市场占有率做到 45%，有时竭尽全力把 80% 的市场占有率做到85%不仅不能提高经营效率[1]，也不能提高利润率。因为这时对于企业来说，必须要争取得到那些带不来利润的棘手的顾客。如果那样的话，倒不如让波特所说的优质竞争业者去得到那些带不来利润的、棘手的需求，反而会提高自己企业的利润率。

以上叙述了四种领导者企业的基本战略，对于来自经营资源薄弱的下位企业的攻击，领导者企业最容易采取的对抗战略就是同质化战略。格林沃尔德和卡恩表示："对于拥有竞争优越地位的企业来说，最理想的战略就是模仿，即采取和向自己挑战的对手相同的行动。"浅羽茂表示："人们普遍认为，和美国企业相比，日本企业更倾向于采取同质化行为。"这是日本企业的特征。

不竞争的三个战略

将前文叙述的从《孙子兵法》和生物学（生态学）中得到的启示套用到企业，资源处于劣势的企业为了得以生存下去，有两种选择，即不与强者对抗和力图与强者共生。可以

---

[1] 指用时间来衡量企业经营成效的各种比例。——编者注

说前者是"（不竞争）状态下分开"的"分栖"想法，后者是"（不竞争）状态下和平共处"的"共存"想法。

分栖——利基战略、反同质化战略

为了让分栖成为可能，领导者企业不能采取同质化战略。为此可能出现以下两种情况：

第一种情况，领导者企业拥有的经营资源不适合该企业着眼的市场。

第二种情况，该企业采取的竞争方式不符合领导者企业的经营资源或者经营战略。

第一种情况会在以下两种场合产生。一种是从领导者企业拥有的经营资源来看，该企业开拓的市场规模过小，如果参与的话由于领导者企业的高额固定费用会产生赤字；另一种是开拓该市场所需的经营资源非常特殊，领导者企业虽然相对拥有较丰富的经营资源，但是从现在起持有开拓那个市场所需的资源不太划算。

下面列举领导者企业的资源不适合该企业打算进攻的市场的案例。制药行业的领先者武田药品工业公司和针对眼科领域进行专业化研究和生产的参天制药公司；大日本印刷公司和专门致力于图书信息公开加工服务的 Pronexus 公司；7-11

便利店和着重在北海道开发业务的赛客玛特（Seico mart）食品公司；日本生命保险公司和加强税理士①渠道业务的大同生命保险公司等（关于这些企业的案例将在第二章详细叙述）。

以上那些企业采取的战略一般被称为"利基战略"（见图1-3）。在采用利基战略时，对于领导者企业来说由于那个市场没有魅力，因此领导者企业不会陷入是否应该加入该市场的左右为难的境地。

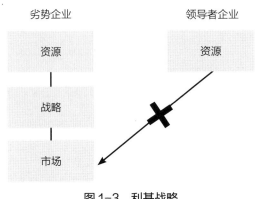

图1-3　利基战略

资料来源：笔者制作。

第二种情况中提到的不适合是指如果领导者企业对该企业采取的战略进行同质化，就会与领导者企业拥有的经营资源

---

① 纳税代理人士的简称，是指具备纳税代理资格、接受纳税人的委托，以代理有关纳税事务为职业的税务专家。——编者注

和迄今为止采取的战略之间产生不适应的状况。例如，领导者企业所拥有的"资产"在推进该事业之际，会陷入"负债"或者和领导者企业一直以来推进的战略相悖。

例如，时尚用品邮购网站的一般常识是通过商品满足顾客比实际年龄显年轻的需求，但是杜克拉斯（Do Classe）公司追求的却是开发与顾客年龄相称的商品；与领导者企业日本生命保险公司相比，日本生命网（life net）人寿保险公司采取的经营方式是在没有销售员的情况下公开显示保险内容；和以广告刊载费为主要收入的瑞可利集团相比，Live sense 公司采用的却是成功报酬制度（这些企业案例将在第三章详细叙述）。

以上公司所采取的商业战略，其特征是会让领导者企业内部陷入左右为难的困境，所以被称为"反同质化战略"（见图 1-4）。

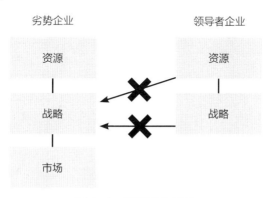

图 1-4　反同质化战略

资料来源：笔者制作。

共存——协作战略

经营资源处于劣势的企业可以采用的另一种战略是和较强的企业共存，使自身不受攻击。而对于领导者企业来说，对经营资源处于劣势的企业施行同质化战略或者采取攻击行为，倒不如和它联手合作更加划算，于是两个企业之间就形成了共存关系。例如，Seven 银行是专门从事自动柜员机（ATM）领域的银行，其他的竞争银行和 Seven 银行合作后，人们就可以用其他银行的银行卡在 Seven 银行的自动柜员机中取款，同时，其他银行还可以为了降低成本减少本行自动柜员机的设置。这种战略被称为"协作战略"。

以上介绍的"不竞争的竞争战略"可以用图 1–5 来表示。本书将在第二章介绍利基战略，在第三章介绍反同质化战略，在第四章介绍协作战略。

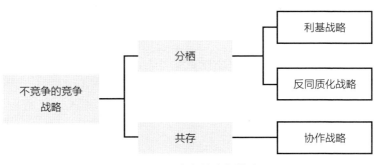

图1-5　不竞争的竞争战略

资料来源：笔者制作。

激变环境下的不竞争的竞争战略

在前述的"分栖"和"共存"的基础上，本书将从第二章开始探讨"不竞争的竞争战略"，但是在探讨之前会从积极和消极两个方面来阐述当下竞争环境的变化带给不竞争的竞争战略的影响。

环境的变化往往可以从政治、经济、社会、技术四个方面来理解和分析。如果将其细分为给企业经营带来影响的要素，则为法律、制度；产业构造、增长率；人口构成、顾客需求；技术革新等。数字化转型之所以在企业经营中受到瞩目不仅是因为其技术本身，还因为它给经济和社会都带来了巨大的影响。

当下被称为"VUCA"的时代让人越来越难以预料未来将会发生怎样的变化。不竞争的竞争战略在这样的环境激变之中会受到怎样的影响呢？未来的环境变化既有可能适合于"分栖"和"共存"发展，也有可能无法让"分栖"和"共存"长久存续。

以下将从两个方面进行阐述，一是促进不竞争的竞争战略发展的环境变化，二是缩短不竞争的竞争战略有效期的环境变化。

环境变化对不竞争的竞争战略的促进

促进不竞争的竞争战略发展的环境变化分为非绑定业务模式和再绑定业务模式，下面进行详细阐述。

1.非绑定业务模式

所有价值链（将在第四章的第三节详述）和体系在企业内部存在的状态叫作"绑定"（bundling）。在因相关规定出台而限制废除和放宽之前的药品、银行、能源、航空等行业就是典型的例子，各公司在整个行业内拥有相同的价值链和体系。与此相反，非绑定模式（unbundling）在1940年左右诞生于自然科学、金融领域。1969年，国际商业机器公司（IBM公司）分离了硬件和软件搭配绑定的销售方式，自此，"非绑定"这个词开始被人们广泛使用，特别是在计算机领域被经常提起。1999年，黑格尔和辛格将非绑定商业模式定义为"业务的分离和分割"，而名和小太郎在2000年将其定义为"把系统和服务分解后分别向用户提供"。虽然定义没有统一，但是根据视点的不同，大体可以将非绑定商业模式分为垂直非绑定和水平非绑定。前者是指价值链的解体，后者是指体系的解体。

（1）价值链的非绑定

价值链的非绑定是指价值链中的一部分功能被分离出去，而这一部分的功能能够被其他企业替代。在价值链被绑定的状态中，经营资源较少的企业即便加入了该行业，也会由于其经营资源相对处于劣势，无法超越领导者企业。但是，当价值链处于非绑定状态时，如果仅限于一部分功能和业务被特殊化经营，即便是经营资源较少的企业也能够进入该行业。例如，在自动柜员机领域进行特殊化经营的 Seven 银行，虽然没有做现有银行都在做的银行业务，而只专门做自动柜员机方面的业务，也可以通过增加来自其他银行的委托业务来扩大自己的业务量。

进入价值链中并从事一部分功能的企业，为了扩大事业，也可以采取在价值链上游或者下游工程中扩展事业的方法。但是，如果这样做，不久就会面临和领导者企业的竞争，有可能遭到来自领导者企业的报复。这时，由于自身经营资源相对较少，就会处于竞争的劣势。对于这部分企业来说，风险比较小的扩大业务的方法就是本书第四章要讲的运用"部分业务功能特殊化"方式横向开展业务，也就是增加来自其他公司相同业务委托量的方法。例如专门做信用卡申请业务的 Qubitous 公司（第四章详述），也会不断增加来自其他公司相同业务的委托量。采取这种方法，就不容易遭到领导者企业的报复，再加上逐步扩大该部分特殊化功能也能够很好地克服经营资源的劣势。

"部分业务功能特殊化"的典型例子就是日本最大的无现金结算平台"CAFIS"。从日本的信用卡行业决算的价值链来看，我们容易联想到"消费者→加盟店→信用卡公司"这一流程，实际上，在消费者的银行账户和信用卡公司之间还存在着一个公司，那就是作为连接信用卡行业和金融机构的共同基础设施的结算平台CAFIS。CAFIS平台以前被民营化前的日本电信电话公社垄断，现在被NTT数据公司接管。日本公正交易委员会认为因为该平台的运营导致市场机制难以发挥作用，对此非常重视。从这一点来看也可以预测CAFIS平台虽然业务范围狭窄但是能获得高收益。

这种业务之前多是由民营化前的垄断企业承担，但是随着政策的放宽和技术革新，可以说大多数小资本的新兴企业也能够参与承担。

（2）体系的非绑定

体系的非绑定是指，以往对顾客统一提供的成套商品销售体系，现在变为顾客能够单独购买其中的某一个商品。前文介绍的IBM公司的分离硬件和软件的销售方式就是典型的案例。在广告行业，以前也是将从媒体栏目框架的购入到广告的制作都只交由一家大型广告公司去做。但是，美国已经出现了大量专门买卖媒体广告栏的媒体买手公司、专业广告设计公司、专业宣传公司等，顾客可以从中自由选择。

关于在什么情况下可以推进体系的非绑定模式，可以列举以下六种情况：

①买家具备成套组合的能力。

②产品和技术的标准化得到发展。

③需求发生变化，出现不需要的产品。

④由于行业规模的扩大可以进行单品销售。

⑤买家对价格变得敏感，为了降低成本想购买单个商品。

⑥专业厂家对此感兴趣。

当下的信息与通信技术（ICT, Information and Communications Technology）行业中，由于以上六种情况同时存在，因此我们就不难理解体系的非绑定模式为何发展得如此迅速了。

2. 再绑定业务模式

可以预想到，随着技术革新和政策的放宽，非绑定模式今后会持续发展，但是，如果价值链和体系解体的话这种模式也会随之终止。例如，日本人去海外旅游的时候，旅行社以前的主流形式是把所有的游览项目绑定在一起推出旅游套餐。旅行社通过统一安排并提供交通（航空、铁路、旅游巴士等），住宿，导游等一系列服务，让即便是第一次出门旅游的游客也能够安心去海外旅行。但是，随着消费者素养的提高，旅行社规划好的跟团旅行已经不能满足大部分消费者的需求，于是便出现了非绑定旅游模式。游客自己就能预约航空、住宿、租车等业务，随之出现了按照消费者需求定制的旅行套餐。但是，像社长和部门经理那样工作繁忙的人，自己上网搜索预约旅行相关业务的话，可能会影响工作。因为社长即便只花 2 小时就可以自己搞定海外出差的一切安排，但是如果把这些时间用于自己的工作，那么对于公司来说或许更加划算。这个时候如果有一项服务，可以站在顾客的立场替顾客安排旅行的细节，购买此项服务虽然要花较高的价格，但是总体上来看或许更加便宜。这种服务就是把非绑定要素按照顾客的个人需求进行再组合，形成再绑定模式。

换一个例子来说明，绑定的典型例子是街边的定食屋（套餐饭店）。虽然店家考虑到营养均衡，精心搭配了 A 套餐、B 套餐等，但是因为顾客不喜欢吃沙拉，便向店家提出能不能不要沙拉并便宜一点的要求，恐怕大多数时候店家是不会同意的。非绑定的典型例子是自选餐厅。消费者只需拿取自己喜欢的食物，吃完去收款台付钱就可以了。但是，对于那些对此不习惯的人来说就会出现多拿、少拿或者营养不均衡的可能性。

可以考虑这样一项服务，即让了解顾客的既往病史、健康状况和喜好的营养师代替顾客去选择餐食，并将其送给在餐桌旁等候的顾客。这就是再绑定的商业模式，所谓再绑定就是把非绑定的各要素按照不同顾客的需求进行再次组合。

在日本，很多产业中的非绑定模式都在不断发展，这就意味着在今后的再绑定业务中隐藏着商机。即便是在电力、煤气、运输等受到日本政府限制保护的产业中也开始出现再绑定业务模式。例如，从各种能源供给企业给出的选择项目中进行挑选组合，依据供给企业节能的程度来获得报酬，这样的企业被称作能源服务公司（ESCO，Energy Service Company）。

再绑定业务中重要的并非企业具有庞大的资本能力，而是要提供将顾客需求组合起来的优质软件服务，这样一来，擅长人工智能（AI）、大数据、配套技术的企业，即便企业的资本薄弱，也能大展身手。在一个领域中无须有很多企业从事再绑定业务，如果能够在这个领域中取胜并得到发展，对于采取不竞争战略的企业来说便有望获得较高的营业利润率。

另外，再绑定模式对于企业来说具有以下优点：降低操作成本；降低组建成本；获得保障；最优资源配置；始终如一性。

第一点如字面所示，就是可以削减业务操作的费用，前述的能源服务公司就是代表案例。第二点产生的非日常性费用，可交给专门从事非日常业务的企业去做，这样比较划算。第三点，有时顾客购买了单品但不能很好地使用，此时如果是再绑定业务的话，可以保障操作业务顺利进行。第四点是不成熟的顾客购买单品的时候，缺少在哪个产品上分配多少资金的知识。第五点是不成熟的顾客即便购买了单品，有时也不能让整个体系始终如一地进行运转。

以上所述的非绑定模式、再绑定模式的发展可以说是促进不竞争的竞争战略的环境变化因素。

缩短不竞争的竞争战略保质期的环境变化

另外，作为缩短不竞争的竞争战略保质期的环境变化，包括缩短时间轴和缩小空间轴。

1. 缩短时间轴

环境的巨大变化会缩短产品的生命周期，特别是技术革新的加速发展带来了巨大影响。从以往产品的案例中可以看出，新产品和新服务的普及速度变得越来越快。快速普及不一定能迅速缩短该产品的生命周期，但是当新一代产品出现之际，替代旧产品的速度就会变快。产品生命周期的缩短不单是同年代企业之间的竞争（同代竞争，这里也存在规格竞争），还有从老一代产品转化的替代竞争、向新一代产品转化的替代竞争，这三种竞争共存。后面两种竞争被称为"不同年代产品之间的竞争"（见图 1-6）。现在，这三种竞争会同时在企业间发生。不同年代产品之间的竞争案例有电视的画面显示设备和 GOCCO 印刷机 ①。

---

① 一款日本的彩色丝网印刷机，看起来如玩具一般，但是却能制作出很好的效果，操作起来也很简单快捷。——编者注

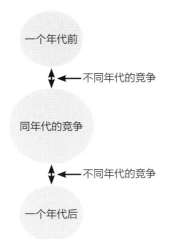

图1-6 同年代的竞争和不同年代的竞争

资料来源：笔者制作。

● 显像管存续了100年，液晶会存续多少年？

电视的画面显示设备过去只有电子显像管。电子显像管是德国的物理学家卡尔·费迪南德·布劳恩（Karl Ferdinand Braun）在1897年发明的。显像管电视从黑白时代到彩色时代持续了很长时间。但是在日本，在地上数字化（从2003年开始出现，到2011年完全转换）之前就出现了薄型电视，于是液晶和等离子显示器之间便展开了正面竞争。当时是"小画面是液晶，大画面是等离子"的分栖形势。但是，伴随惊人的大型化和高精细化的发展，液晶完胜了这场竞争。最近的4K、8K电视在显示精美图像方面运用了有机电子发光（Electro luminescence）器，从而在大型显示器中凌驾于液晶之上。

在电子显像管发展最鼎盛的时期，日本企业中的索尼公司席卷了全世界。索尼公司虽然在彩色电视方面没有先发制人，但是它用以特丽珑①命名的阴极射线管②（Trinitron）技术实现了技术上的超越。该技术虽然亮度低但对比度高，画面质感鲜艳锐利。但是，进入液晶和等离子时代后，在电子显像管方面强大的索尼公司就陷入了被动，被称为"液晶之父"的夏普公司取得了飞速发展。夏普公司在日本国内被称为"龟山模式"，在追求日本制造的品质方面获得了成功。

另外，这个时期把整个公司命运交给等离子领域的先锋（Pioneer）公司③，由于无法回收投资而陷入了经营危机。在等离子上投入了大量资金的松下公司也放弃了投资回收，中途从等离子领域撤退，更换为主营液晶产品。

进入有机电子发光技术时代后，夏普公司的出手晚了一步，形成了以韩国的乐金（LG）集团为首的混战局面。从电子显像管诞生到在日本销声匿迹大概用了100年，但是我认为液晶并不会存续100年。有机电子发光技术的新一代技术开发

---

① 索尼公司为电视机和显示器的阴极射线管注册的商标。——译者注

② 将电信号转变为光学图像的一类电子束管。——编者注

③ 专门从事数码娱乐产品的一家日本公司。——编者注

也会不断进行下去。也许将会以"电子显像管存续 100 年、液晶存续 10 年、有机电子发光技术存续数年"的速度不断革新技术。

以液晶时代的夏普公司为例，可以说它面临着多个需要解决的课题，例如，和同年代出现的等离子阵营以及其他液晶厂家之间该如何竞争；如何快速替代电子显像管；如何推迟新一代有机电子发光技术的替代时间等。

● 消失的 GOCCO 印刷机

以前日本家庭在印刷贺年卡时会使用日本理想科学工业公司生产的 GOCCO 印刷机。理想科学公司是一家誊写版印刷制造商，在 1977 年发售了简易型誊写版印刷机 GOCCO。虽然这一套打印机价格昂贵，价值 9800 日元，但是在 1987 年一年内就销售了 72 万台，1996 年累计销售超过了 1000 万台。

但是，到了 20 世纪 90 年代后半期，随着家庭中个人计算机和打印机的普及，人们可以用计算机制作贺年卡，于是人们开始使用制作贺年卡的计算机软件。GOCCO 印刷机虽然也尝试适应数字化，但是市场一瞬间就被其他产品抢占，2008 年理想科学公司只好停止销售 GOCCO 印刷机。那之后，不再邮寄贺年卡的年轻人数量逐渐增多，贺年卡的发行张数以 2004 年为顶峰，之后逐年减少，取而代之的是用邮箱和社交软件发送电子贺年卡。可以说贺年卡以及贺年卡印刷市场仅仅在 20

年间就发生了剧变。

不同年代的产品之间的竞争加速的话，企业能够稳定实施不竞争的竞争战略的时间期限就会缩短。好不容易造就了不竞争的架构，但是在转瞬之间就有可能发生变化，我们也可以认为是不竞争的竞争战略的保质期缩短了。

2. 空间轴的消失

如果把行业类别的范畴、地域、国家的竞争边界用"空间轴"来表示的话，那么其分界线便变得越来越模糊。"分栖""共存"的概念在明确了针对谁的情况下是有效的，但如果是在模糊的情况下就失去了意义。

● 被破坏者企业颠覆了市场的计步器和时刻表

利基企业从大型企业手中抢占并守护着有限的市场。但是，最近出现了破坏业界秩序的竞争者，这种企业被称为"破坏者企业"，有一些行业因破坏者企业的出现而形势大变。例如山佐计时器公司一直以来销售的万步器，是日本计步器的代名词，占据日本市场长达50年。可能很多人都不知道，万步器甚至成为该公司的注册商标。但是，在计步器市场中却出现了破坏者，它并不是测量机器制造商，而是智能手机。在智能手机里下载计步器的应用程序，通过智能手机内置的感应器，就能计算和测量步数。为了保持健康，很多人决定每天行走10000步，他们不需要购买计步器，只要有智能手机就可以计算和测量每天的步数。

对于像横河电机公司那样大型的计量机器制造商来说，计步器的市场过小，对是否应该加入该市场较犹豫，但是对于开发智能手机应用程序的企业来说，只要开发一个简单的应用程序就可以将智能手机变成计步器，加入这一市场没有任何障碍和壁垒。

还有 JTB 公司 ① 发行的《JTB 时刻表》、交通新闻社发行的《JR 时刻表》，在杂志行业中属于特殊的月刊出版物，长期占据着该利基市场。大多数企业都会持续购买，这些月刊是企业每个月必须购买的"宝贝商品"。但是，这种时刻表也由于换乘向导应用程序的普及，销售额急剧减少。这也是应用程序和智能手机成为破坏者的例子。甚至通过换乘向导应用程序还可以简单计算出多张交通月票分别使用的费用，这是时刻表月刊难以做到的。

除此以外，在药品相关文件的印刷领域中拥有绝对优势的利基企业朝日印刷厂，今后也必须面对意想不到的破坏者企业的干扰。这不仅是印刷厂的转型，也是整个国家的数字化转型。因为根据日本《药事法》（药品和医疗器械的品质、有效性及安全性确保等的相关法律）的修改，迄今为止提供的医疗

---

① 日本著名旅行社。——编者注

药品的相关文件都要电子化，经由网络提供最新的文件（第二章详述）。

这样的破坏者企业来自哪里和行业、国家无关，今后将会有越来越多的破坏者企业会威胁采用不竞争的竞争战略的企业。

如上所述，可以说以"分栖"和"共存"为基础的不竞争的竞争战略，既有促其发展的环境变化因素也有缩短其保质期的环境变化因素。

利基战略——引起市场的不适应

作为阐明不竞争的竞争战略的开端，要讲述的是利基战略。岛口充辉认为，所谓利基战略就是"避开和其他竞争对手直接竞争，把资源集中在分栖的特定市场的战略"。

消除关于利基的误解

"利基"这个词的来源在本书第一章已经讲过，在现实中，"利基"这个词在企业内有各种各样的含义。下面给大家介绍一些相关案例。

"利基＝微不足道的销售额"不一定是对的

有些公司为了获得巨大的销售额将商品投入市场，却没想到商品并不畅销，销售额微不足道，这时销售负责人会辩解道"当前我们瞄准的目标是利基市场"。但是，这种情况下并不是以获得微量销售额为目的，而仅仅是商品卖不动的结果，这既不是利基战略也不是其他任何战略，只是单纯的经营失误。这也表明利基战略并不是事后的目标。事先确定好目标，并获得意料中的成果时，才能称之为"利基战略的成功。"

利基市场一般诞生于市场发展的初期阶段，是大企业忽视的市场，也是在成熟市场中，拥有一定数量的顾客但是没有被大企业所支配的市场。

差异化和利基不是一回事

在和领导者企业处于不同水平的含义上，利基和差异化是相似的概念。但在和领导者企业采取不同战略的这一点上，两者容易被混淆使用，而两者完全不是一回事。简言之，差异化是和领导者企业作战的战略，利基是不去和领导者企业作战的战略。差异化通过突出和领导者企业的不同，抢夺领导者企业的市场份额。以攫取领导者企业地位为目标的战略则是差异化战略。但是，利基战略的目标并不是抢占领导者企业的地位，而是在有限的市场内获取利润。

可以说两者的区别在于，是将差异当作抢占领导者企业蛋糕的武器还是当作和领导者企业不战的屏障。

专一化战略和利基

波特为人们提供了三大基本竞争战略，它们分别是总成本领先战略、差异化战略和专一化战略。其中，他认为专一化战略就是"将企业资源集中在某个特殊的顾客群、某产品线的一个细分区域或某一地区的市场"。专一化又分为差异专一化和成本专一化，这种专一化战略可以说和利基战略是相同的含义。专一化战略取得成功，企业就可以获得超过业界平均水平的收益率。但是，在面临是获得利润率还是获取销售额的问题上，专一化战略就不得不牺牲销售额了。

一般来说，成本领先战略是在业界拥有较多经营资源的领导者企业采取的战略，而差异化战略是觊觎领导者企业宝座的挑战者企业的战略，专一化战略则是利基企业的战略。

利基企业和利基市场

使用"利基"这个词的时候包含两种含义，一是指企业的"利基战略"，二是指"利基市场"。有很多场合人们在使用这个词时不知道具体指的是哪一种含义。

从第一章讲述的竞争地位的四种类型来看，领导者企业是存在的，但是不存在"领导者市场"这一说法，同样也不存在"挑战者市场"和"追随者市场"。但是利基企业却有对应的利基市场。也就是说，只有利基，企业应该采取的战略和应该攻略的市场是一一对应的关系。换言之，四种类型中也只有利基企业瞄准的是与领导者企业不一样的市场，不去和领导者企业对抗竞争。

如何衡量成功

利基战略是一种比起销售额更加重视收益率的战略。在财务上判断利基战略成功与否的标准，主要看销售额的总收益率和销售额的营业收益率的高低。但是，正如下一节要介绍的那样，如果收益率显著过高，恐怕会招来领导者企业加入该市场进行竞争。另外，在市场营销方面，如果以追求"该领域中该产品的独一无二性"为目标，提高品牌知名度（在顾客心中特定名牌的占有率）也是一个评判利基战略成功与否的标准。名牌知名度特别高的话，有时企业的注册商标就会被人们作为普通名词广泛传播和使用。例如，即便是用智能手机的应用程序来记录步数，也会经常听到大家说"每天用万步器测量步行距离和步数"。当注册商标被当作普通名词后，就会提高该商品被人们点名购买的概率，也会在该领域占据稳固的地位。

阻止领导者企业加入的战略

企业原本打算使用利基战略，但是如果领导者企业这时也加入同样的市场来竞争的话，该企业就会成为弱者，难以生存下去。好不容易创造出来的利基市场就会出现被大型领导者企业抢走或者眼看着要被抢走的情况，下面就通过讲述一些企业案例来思考阻止领导者企业加入的方法。

不扩大市场规模

领导者企业和位于其下位的企业相比，不仅相对市场份额占有率高，而且企业规模（人、物、资金等）也大。但是，为了维持这些固有成本，需要一定程度的销售额规模。例如丰田公司，即使加入自行车和婴儿车的市场，虽然产品都是车，但由于这些产品的市场和汽车市场相比占比较小，因此难以获得利润（日本的汽车市场约为 660000 亿日元，自行车市场约为 1300 亿日元，婴儿车市场约为 140 亿日元）。在大企业里经常会听到以下的话："我们公司的销售额如果达不到 ×× 亿日元，就不能被叫作事业。"这句话其实也表明了领导者企业要加入就需要一定最低限度的市场规模。反过来说，如果把市场规模做得过大，就会招来领导者企业的加入。

● 明光商会

明光商会是碎纸机的领导者企业。虽然在办公室里至少需要一台碎纸机，但是从整个办公器材市场来看，碎纸机是极小的市场。该公司在泡沫经济时期不断扩大碎纸机的销售规模。当看到明光商会的碎纸机市场超过了一定规模后，在日本自动化办公器材领域屈指可数的理光（Ricoh）公司便加入了碎纸机市场。该公司和理光公司之间进行了正面竞争后，胜负一目了然。但是，在那之后泡沫经济崩溃，碎纸机市场也随之萎缩。与此同时，理光公司也从碎纸机市场撤退。

这就是市场超过了一定规模就会导致大企业参与竞争的典型案例。

● 戴森与艾罗伯特

英国戴森（Dyson）公司开发的气旋式（离心分离集尘）吸尘器虽然至今仍受人们欢迎，但当初在只有戴森公司一家企业的利基市场中，其市场份额占到了100%（其他的日本厂家使用的都是纸制集尘袋）。随着戴森吸尘器的持久吸力气旋式的优势被人们广泛了解后，消费者对此开始感兴趣，卖场和媒体也开始将注意力集中在气旋式的吸尘器上。结果，三菱电机、夏普、东芝等大企业纷纷开发气旋式产品并迅速扩大市场，2019年家庭用的气旋式吸尘器在吸尘器市场中的占比达35%。虽然市场变大了，但是戴森公司在日本的市场份额却开始下降了。

美国艾罗伯特（iRobot）公司开发的自动扫地机"Roomba"也同样，当初只有该公司才有的独特产品，伴随市场规模的扩大，日本大型家电企业纷纷推出类似产品，导致艾罗伯特公司的市场份额开始下降。

不提高单价

销售量总额取决于单价和数量。单价过低的话，即便数量再多，销售量总额也不会增加。对于大企业来说，如前所述，需要一定的销售量规模。因此，通过不提高单价持续进行销售就可以阻止大企业进入该市场。下面要介绍的赤城乳业公司的"冰棒君"产品可以说就是典型的案例。

● "冰棒君"的诞生

日本最畅销的棒冰是赤城乳业公司的"冰棒君"。赤城乳业公司成立于1961年，公司职员约400名，和森永乳业公司等大企业相比规模只是其十分之一。公司名称中虽然包含"乳业"，但是主要产品并不是乳制品。之所以把"乳业"两字加入公司名是因为当时的生产棒冰的大企业都自称为"××乳业"。

赤城乳业公司在日本家喻户晓的契机源于1964年发售了"赤城时雨"产品，这是一种把冰沙装入杯子中的产品。该公司在那之后尝试生产多元化的冷冻食品，但是由于为时尚早并没有取得成功，只能单靠"赤城时雨"这个产品维持了一段时间的经营。而该公司1981年发售了"冰棒君"棒冰之后便将这一切打上了休止符。"冰棒君"是将一根小棍穿进棒冰里、单手就可以拿着吃的水果棒冰，孩子们可以边玩耍边吃。"冰棒君"发售时，一根卖50日元，有苏打水味、可乐味、葡萄味这三种口味。

棒冰产品的销售有季节性，其销售量和气温密切相关，气温超过25摄氏度时冰激凌的销量增加，而超过35摄氏度时，和冰激凌相比棒冰就成为主角。棒冰产品是工业化生产的，所以对于那些给零食店供货的中小厂家来说是没有能力投资生产的。但是，如果大企业要制造棒冰，首先就面临伴随季节性的人员过剩或者人员不足的风险。在"冷夏"的时候，甚至会有低于收支平衡点的风险。比起大企业，规模比较小的赤城乳业公司的经营风险相对来说较低（当然，赤城乳业为了唤起人们冬天对棒冰的需求，也和奇巧[1]及莱斯[2]合作推出了新产品）。其次，对于大型乳业厂家来说，在经营方面会把重点放在单价比棒冰高的冰激凌生产上。

"冰棒君"的畅销是在产品发售后的第四年，那年夏天的气温很高。之后，赤城乳业公司每年都会推出新口味的产品，累计有100多种产品投入市场。

"冰棒君"热卖的理由离不开渠道销售政策。当时森永乳

---

[1]　奇巧（KitKat），雀巢旗下的巧克力品牌。——译者注
[2]　莱斯（ROYCE），日本的生巧克力品牌。——译者注

业、雪印乳业这些销售冰激凌的大型企业在各零售店都设有专门的货架，他们掌握着通往零食店的销售渠道。赤城乳业公司后来也想进攻同样的销售渠道，但是无法撼动其"城堡"。于是，赤城乳业公司将目光投向了当时还处于发展黎明期的便利店。

当时进入便利店的大型企业数量较少，赤城乳业公司便将产品集中在这里售卖。它推出了冠以连锁便利店名称的"冰棒君"产品，采用"季节限定商品"的名号唤起消费需求，伴随便利店的发展，"冰棒君"的销量也迅速增加。

赤城乳业公司的口号是"让我们一起玩耍吧"，公司将搜集商品开发素材的任务全权委托给年轻人，其企业文化是"挑战"。"积极开展其他公司无法效仿的事业"是赤城乳业公司的核心竞争力。在这样的企业文化的引导下，赤城乳业公司于1985年推出的"拉面冰激凌"轰动一时，之后又陆续推出了"咖喱冰激凌""炸豆腐乌冬面冰激凌""鲑鱼子盖饭冰激凌"等产品。

2012年，赤城乳业公司发售了闻所未闻的"冰棒君玉米浓汤"棒冰。玉米浓汤棒冰是一位职员在进入公司后的第三年开发的产品。该产品获得大卖，发售仅仅三天就销售一空，公司不得不停止出售。那之后，"怪味热潮"还蔓延到了杯装面领域。

2006年，"冰棒君"一年内销售了约16000万根，2013年的销售量为41000万根，达到了销售量的顶峰，相当于日本人每人一年吃了3根。

之后赤城乳业公司又发售了"那不勒斯式意大利面条味"（2014 年发售，以失败告终）、"哈密瓜面包味"（2016 年发售）、"黑蜜黄粉年糕味"（2017 年发售，和山梨县合作）、"九州橘子味"（2017 年发售，和"熊本熊"合作）、"抹茶提拉米苏味"（2019 年发售）等棒冰产品。

"冰棒君"当初的售卖对象是小学生，但是现在却扩大到各年龄层。2016 年和日本组合 GReeeeN 合作推出了在青苹果里加入酸甜苏打水口味的"冰棒君之迸发的青春味道"棒冰，购买的主要人群并不是初中生和高中生，而是那些怀旧的五六十岁的消费者。

2016 年，电视上播出了赤城乳业公司的 100 名职员一起鞠躬致歉的涨价广告。内容是该公司在 25 年间一直坚持售卖一根 60 日元的棒冰，现在却要涨到 70 日元。对于大型消费品制造厂家来说，涨价会丢失顾客，所以大多数情况下厂家需要一点点缓慢地进行涨价。而赤城乳业公司则制作了大型企业无法模仿的宣传广告。结果创造出了"比前一年增长 11%"的意想不到的销售额。因为消费者会善意地认为"这么长时间都没有涨价吗""即便卖 70 日元也很便宜"。

该公司的产品虽然通过社交软件大量地扩散和传播，但却没有建立自己公司的"冰棒君"的正式账号，这是出于"越是想要传播就越显得特意为之"的想法。该公司在市场营销方面一直坚持使用一些容易扩散的小话题。

赤城乳业公司中，即便是除了"冰棒君"以外的产品，也开展了大型企业难以效仿的市场营销策略。例如，2018 年对于加入橘子果肉和果汁的棒冰"咔嚓一口咬下去满是橘肉"这个产品，实施了"卖得不如'冰棒君'好的 20 周年促销活动"。大企业的宣传促销中一般不会靠不畅销的噱头来吸引消费者，但是赤城乳业公司在董事长的"因为卖得不好所以怎么来都行"的号令下推出了这个促销活动。

如上所述，赤城乳业公司通过将用一枚 100 日元硬币就能买到的棒冰进行专业经营，一直以来始终贯彻着不与大企业竞争的不竞争战略。

不过度提高利润率

领导者企业由于规模较大，固定成本也往往比处于其下位的企业高。如果进入利润率低的领域，仅投入固定成本就会让企业出现亏损，因此大多数情况下不会在低利润率的领域进行同质化竞争。例如，大型制药厂商在自己公司的主力药品的专利保护到期的时候，为了防止市场占有率降低就会推出相同功效的药品，但是不会积极使用这种方法。

新药（原研药）和仿制药（专利到期后的仿制药）之间

利润率相差很大，这是由于研发新药需要投入巨额的研究开发经费，因此药价相对较高，而仿制药是一种薄利多销的买卖。于是，领导者企业眼睁睁地看着市场利润率不断下降，却不愿意在该市场发动同质化竞争。反过来说，如果该商品的市场利润率高，固定成本高的大企业加入该市场才有赚头。为此，利基企业有必要对外把利润率降到看起来比较低的水平。

● 日商永井国际公司

日商永井国际公司成立于 1950 年。当初主要生产厨师和美容师穿的白色衣服，主要客户是食品厂商。但是 1969 年，大型百货商店也加入该领域竞争，由于百货商店的经营人脉较广，因此夺走了日商永井国际公司的客源。该公司决定舍弃占据销量 30% 的食品厂商的业务，专业做百货商店无法参与的医疗服业务。

该公司在专业做医用业务后，在当时的医疗服主要使用的是棉质面料的情况下，开发并销售涤纶面料的医疗服。当时涤纶面料的价格是棉质的三倍，但是由于容易去除污迹、速干并且不需要熨烫，从整体上来看成本其实降低了。

一些大型医院接受了日商永井国际公司整体成本会降低的宣传理念并答应了进货，但是由于初期费用较高，获得中小医院的订单比较困难。因此，该公司采取了不直接销售医疗服而是租借医疗服的业务模式。以此为契机，该公司医疗服的销量得以稳步上升。在医院方面逐步获得了 50% 的市场占有率。

但是，该公司也遇到了困难。医疗服制造业务在日本被人们揶揄为"附加价值最低的连衣裙"。常常在路边的零售店里和劳动用手套、橡胶底袜子摆在一起售卖。因此，该公司在泡沫经济时期发售了由名设计师设计的 DC 品牌的医疗服，通过涨价提高了利润率。这个战略具有较好的宣传效果，被媒体多次提到。而看到日商永井国际公司通过 DC 品牌的医疗服，使其销售利润率得以上升，服装行业的巨头恩瓦德（ONWARD）公司也进入了医疗服行业进行竞争。恩瓦德公司和日商永井国际公司的实力就如同相扑界的横纲[①]和小学生那样悬殊。

但是，泡沫经济崩溃后，DC 品牌的医疗服的大势已去，恩瓦德公司也失去了推翻日商永井国际公司的气势（现在恩瓦德分公司恩瓦德商事在从事销售医疗服的业务）。总而言之，如果过度提高利润率，就会让原本固定成本高的大企业也变得可以赢利，也就提高了大企业加入该市场的可能性。

现在，日商永井国际公司在医疗服领域持有 60% 以上的市场占有率。2020 年 8 月期的销售总额达到 171 亿日元，营业利润率达到 28.9%。

日商永井国际公司采用的是从企划到原材料筹备、制造、销售的一条龙机制，通过这一流程可以在设计和功能性上和其

---

① 日本相扑运动员资格的最高级。——编者注

他公司区分开，用来提高自己的竞争力。为了追求功能性，日商永井国际公司和东丽（Toray）公司①共同开发了原材料，并且为了防止院内感染提供抗菌加工的商品，以及为了防止医疗器械的误操作供应难以产生静电的商品。

从 2020 年 5 月开始，日商永井国际公司开始生产可以反复洗涤使用的医疗用罩衣，供应日本全国的医疗机构。随着新冠肺炎疫情的蔓延，医疗服越来越供不应求，对于能够洗涤后重复使用的新商品的需求也在不断增加。

不迅速开拓市场

市场占有率越高就越有可能尽早收回初期的投资。评估投资回收的方法有回收期法、净现值（Net Present Value）法、内部收益率（IRR）法等，为了比较赢利能力的优劣，回收期法不一定准确，因为完全忽视了投资回收完毕后的第二年以后的收益多少。但是，日本企业中迄今为止使用回收期法的企业还是占了绝大多数。理由之一是与其说"现在的价值为正，内部收益率为百分之几"，倒不如说"几年后可以收回成本投资"让人更加容易理解。并且对于公司决策人来说"这次投资在自

———————
① 日本化工行业巨头。——编者注

己在任期间是赢利的"的感觉更容易让其接受。

一般来说，市场急速扩大，回收期就会变短。因此，为了阻止领导者企业的加入，不需要急速开拓和扩大市场规模。

● 日本先锋公司

市场增长率低意味着难以收回投资，投资决策就会变得消极。处于这种状态并幸运地占据市场份额首位的就是日本先锋公司的激光影碟（LD）事业。激光影碟是通过激光光束无接触读取影碟信息的跨时代产品，发售时虽然被称作"可以显现画像的唱片"，但是找不到只有激光影碟才具有的用途（功能强大的应用软件）。先锋公司当初主要经营电影以及教育相关的影像事业，激光影碟的市场并没有被建立起来。

在这期间，经过反复商讨、决断，先锋公司决定进入使用激光影碟的 KTV 市场。公司内部也有人质疑"KTV 是高保真立体声设备应该进入的市场吗"，但是先锋公司为了振兴激光影碟事业顾不上别的了。尝试进入该市场后，和迄今为止的盒式录音磁带相比，激光影碟可以让歌词出现在画面中，因此人们可以对着画面唱歌。同时期日本胜利（Victor）公司发售了相同影碟的虚拟磁盘 VHD，虚拟磁盘 VHD 采用针接触盘面读取的方式，人们在唱歌时容易频出故障，而且由于 KTV 里烟尘大，经常导致虚拟磁盘 VHD 不能被读取，于是激光影碟就发挥了其非接触技术的优势。

另外，在 KTV 里，受欢迎的歌曲往往会被多次播放。激光影碟凭借其非接触特性不会磨损盘面，也不会造成声音和画质的损坏。并且从一首歌曲瞬间切换到另一首歌曲的随机存取功能也由于非接触特性占据了优势。这样一来，激光影碟就成了 KTV 领域中约定俗成的业界标准（之后激光影碟被通信 KTV 替代）。不过，索尼公司、松下公司这些家电大型企业并没有正式进入激光影碟市场（只是通过定点生产出售）。这些企业怎么也无法建立激光影碟市场，是因为以大型企业的投资标准来看其成本回收期过长。

● 美国西南航空公司

缓慢启动市场的企业案例还有被称为美国低成本航空公司鼻祖的美国西南航空公司。该公司当初只在"达拉斯－休斯敦－圣安东尼奥"航行，之后逐渐扩大了航线。

看到该公司取得的成绩，许多城市和美国西南航空公司建立了新航线，但是随着航线的猛增，导致美国西南航空公司无法控制市场，再加上公司内部管理体制混乱，于是该公司决定按照自己的节奏抑制过猛的增长势头。于是，通过努力，市场增长节奏变缓，加上大型企业也觉得低成本航空的增长率低，才得以取得现在的成功。

另外，再介绍一些由于急剧扩大市场，导致竞争对手的数量增加，在管理上遭遇壁垒的企业案例。

● 保险窗口集团

急速启动市场规模的企业案例还有保险窗口集团。保险窗口集团是在实体店面中现场和其他公司商谈保险业务并签订合同的保险商店。由于门店的数量急速增加，使其他公司也瞄准了这个市场，导致"保险再探讨本铺""保险诊所"等类似的店铺纷纷进入该市场竞争，4 家大型公司在 5 年内店铺数量增加了近 5 倍。结果导致了保险窗口集团在该领域无法形成垄断局面（该企业案例将在第五章详述）。

● 日本牛排连锁餐厅"强势来袭！牛排"

2011 年，以站立式牛排快餐店为特色，以"我家的意大利料理""我家的法国料理"为名的连锁餐厅相继开业，在这些店里可以享用到整套西餐。2013 年，胡椒食品服务公司以相似的商业模式推出"强势来袭！牛排"餐厅。自第一家餐厅开业以来，其连锁店在四年零四个月里已超过 250 家。

一般的餐厅会将肉的成本控制在售价的 35% 左右，但"强势来袭！牛排"餐厅在提供占到售价 70% 价格的优质牛肉的同时，严控其他成本，以翻台率（即餐桌重复使用率）取胜，开创了站立式牛排餐厅的先河，并实行按量出售。随后，"强势来袭！牛排"餐厅每年增加 200 家分店，2013 年入驻东京银座，2016 年开店超过 100 家，2018 年开店超过 300 家，2018 年 11 月达到了 366 家（见表 2-1）。

表 2-1　"强势来袭！牛排"餐厅的大事记

日期	大事记
2013 年	1 号店开业
2016 年	开设 100 家店
2018 年 8 月	开设 300 家店
2018 年 11 月	在日本所有都道府县开店
2018 年 12 月	公司陷入赤字
2019 年 12 月	只剩下 493 家店
2019 年 12 月	两期财务数据连续赤字
2020 年 7 月	114 家店发布闭店通知

资料来源：笔者根据公开资料制作。

公司成立以来，坚持以增加分店数量的战略提高总营业额，但自 2018 年起，现有餐厅的营业额开始下滑，2019 年接连关闭分店。据称，扩张过猛、相同地域内的同行竞争是导致其业绩不佳的主要原因。因此，为了自救，母公司胡椒食品服务公司于 2020 年 8 月将支撑公司运营的胡椒午餐业务出售给基金投资公司，将公司的未来押在了"强势来袭！牛排"餐厅上。

如上所述，利基企业为了阻止大型企业进入市场需要四种战略：不要过于扩大市场规模；不要提高单价；不要过于追求利润率；不要过于提高市场增长率。这四种战略可以说和大型企业追求的战略是完全相反的。

一直以来，利基企业都被定义为"资源在数量上不足，但是在质量上优质的企业"，即便不能在资源质量方面形成进入壁垒，但如果把市场规模和利润率控制在低范围（实际上只要在领导者企业看来比较低就可以了），便可以让领导者企业难以同质化。也就是说，不单具备资源质量上的优势，如果还能控制市场的量的话，就可以形成利基战略。

以量与质为坐标轴思考利基战略

如前所述，利基企业具有两种武器，一种是形成参与壁垒的质的控制，另一种是对市场规模的量的控制。

关于质的方面，领导者企业比起处于其下位的企业，在经营资源上相对具有优势，但是即便是领导者企业也并非所有的资源都处于优势。追求利基的企业，是以领导者企业所不能覆盖的资源优势为杠杆，专注在该领域发展事业的，这叫作"质的限定"。例如在癌症保险领域，即便是生命保险行业的领导者企业日本生命保险公司，也敌不过 1974 年就开始销售癌症保险的 AFLAC 生命保险公司[1] 的签约数量和积累的经验。

---

[1] 英文全称为 American Family Life Assurance Company of Columbus，可翻译为美国家庭人寿保险公司，成立于 1955 年，总部在哥伦布，最大的市场在日本。——编者注

关于量的方面，领导者企业一般来说比处于其下位企业的固定成本费用高，如果进入过小的市场，从高额的固定成本费用来看就赢利得很少。因此，追求利基的企业可以开拓那些对于领导者企业来说过小的市场和花费成本较多的市场，在该领域专注于做自己的事业，这叫作"量的限定"。

将"质的限定"和"量的限定"分别看作两个坐标轴并将它们交叉，就可以得到如图2-1的利基战略的矩阵。质和量是以市场为前提的轴，如前所述，关于质，在利基的情况下，企业的资源、战略和市场之间是一对一的关系，所以可以从企业资源来说明市场的质的特征。

图2-1中，③区域是指在量和质两方面都不好限定，很有可能被领导者企业同质化的情况，处于该区间的利基战略无法持续，因此本书不予讨论。

我利用前述的质和量的矩阵，尝试系统性地来思考利基战略。简单说明一下图2-1的其他三个象限。

①是指在质和量两方面都具备不被领导者企业同质化的武器。例如，高端商品的定制和生产等就属于此类，这叫作"定制利基战略"。还有一些市场规模不大，但是领导者企业如果去替代利基企业的产品、服务，其成本过高，因此难以施行同质化的战略，此类案例叫作"替换成本利基战略"。

②是指在质方面具备不被领导者企业同质化的高科技和特殊

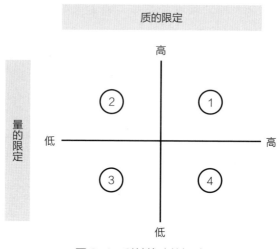

图2-1　利基战略的矩阵

资料来源：笔者制作。

经营资源，并以此为武器的战略。例如，利用领导者企业不具备的技术，不让领导者企业靠近的"技术利基战略"；通过提前占领领导者企业无法覆盖的流通渠道，从而难以被同质化的"渠道利基战略"；还有对应极其特殊的需求的"特殊需求利基战略"等。

④是指通过限定量，使领导者企业即便施行同质化，也会觉得不划算的战略。例如，在被限定在一定空间和时间内的市场中，固定成本费用高并且追求高运转率的领导者企业难以实施同质化战略。该种战略称作"空间利基战略"和"时间利基战略"。

当市场从成熟进入衰退期，看不到增长的前景后，追求每年的销售额增长的领导者企业就很难进入该市场，该战略叫作"残留利基战略"。还有由于市场规模过小，领导者企业加入后不会采取同质化战略的，叫作"容量利基战略"。

最后，有些产品也可以进行量贩，但是为了增加其高级感和稀少性，偏要限制数量的战略也会让追求量的领导者企业难以同质化，这种战略叫作"限定量利基战略"。

如上所述，在三个象限中，分别有代表该象限的利基战略（见图 2-2）。

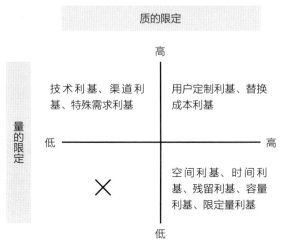

图 2-2 利基战略的分类

资料来源：笔者制作。

关于科特勒提出的垂直水平专业化，和其他方法不同，不是限定市场的轴，这将在第四章的协作战略中阐述。关于服务专业化，无论哪个企业一般都会采用现在的销售方法，所以无须特意阐述对应的战略。关于替换成本利基战略，科特勒并没有提及。

10 个利基战略

以下将图 2-2 中所表示的利基战略的 3 个类型，分别对应前述的 10 个利基战略依次进行介绍。

限定质的利基战略

1. 技术利基战略

技术利基战略就是开拓那些领导者企业不具备技术条件的领域，即便是领导者企业具备相对丰富的资源也无法占领该市场。例如，专业化从事眼科领域事业的参天制药公司，经营中型印刷机的武藤工业公司，专门制作高级音响的金嗓子（Accuphase）公司，从事高端光学设备（镜头、棱镜、镜子等）的确善能（COSINA）公司，专业经营齿镜的冈本硝子公司等都属于该类型的企业。以下将介绍马尼（MANI）公司、根本特殊化学（Nemoto）公司、Soracom 公司、Rhodes 公司、ELP 公司、Pronexus 公司、凸版公司（TOPPAN FORMS）的案例。

● 马尼公司

制造手术用缝合针等医疗器械的马尼公司，一直坚持"做不出世界第一的品质的产品，就不会将其拿到市场上去卖"的原则。其产品有做牙齿根管治疗（去除龋坏组织）的器具、扩孔钻，占世界市场份额的 35% 以上，位居第一；还有用于白内障手术的眼科手术刀，占世界市场份额的 30%。现在，直径在 0.14 毫米以下的手术缝合针只有马尼公司才能量产。

该公司在 1956 年开始制造不锈钢的手术缝合针，1959 年成立松谷制作所。手术缝合针在手术中如果折断，会伤害人体组织或者会有遗留在体内的风险。马尼公司决定即便花费高成本也要制造出安全的商品，该公司加工手术缝合针需要三个月，而其他公司只需研磨 40 分钟。由于流通渠道相似，马尼公司也制造过手术刀，但是由于技术与制造手术缝合针完全不同，因此后来从该领域撤退。从这次失败中，马尼公司明确了自己的经营方针，即"仅制造极其微小的治疗器"。

1976 年，马尼公司开发了用于根管治疗的切削器械清洁剂、削刀，进入了牙科领域。1986 年，制定了自己公司的企业文化和经营基本方针。1996 年改名为"马尼"。该公司的独特之处在于，将自己权衡取舍后决定不做的业务明确刊登在了公司的网站上（见图 2-3）。

只做医疗器械。

目标为生产品质世界第一的商品。

不做寿命短的产品。

只加入利基市场（每年全球市场 5000 亿日元以下）。

图 2-3　马尼公司的权衡取舍

资料来源：马尼公司的网站。

马尼公司为了降低与大型企业竞争的可能性，只能依靠生产出品质世界第一的商品。为此，公司定期召开讨论商品品质是否是世界第一的会议，在会上进行商品开发的讨论和商品上市的决策。并且，公司坚持只制造全球市场规模在 5000 亿日元以下的商品。

这种一目了然、明确的战略受到了人们的高度称赞，该公司在 2008 年获得表彰优秀经营的"波特奖"。现在，马尼公司共有 3812 名从业人员，在全球 120 个国家和地区进行产品销售，2020 年 8 月期的销售额达到 152 亿日元，是营业额利润率为 28.6% 的高收益企业。

如上所述，该公司虽然具备高端技术，但还是顾虑大型企业的参与，因此不断打磨产品的品质，并实施控制市场规模的经营方式。

● 根本特殊化学公司

根本特殊化学公司坚持"安全""保障""健康"的理念，在产业领域中以技术为杠杆，不断推出新材料和新产品。其中，市场份额占全球第一的荧光颜料事业，具有其他大型企业无法媲美的高科技能力，业务范围从钟表、计量仪器领域逐步扩展到传感器、生命科学领域。

该公司创建于1941年，经营业务为钟表、计量仪器等的荧光涂装加工、荧光颜料销售，主要为军用钟表、计量仪器提供荧光颜料。在第二次世界大战时期与服部钟表店（现在的精工公司）开始了贸易往来。

第二次世界大战后，根本特殊化学公司再次通过与服部钟表店的交易使营业额持续增长，当时的荧光颜料的原料是有微放射性的镭。日本政府于1957年制定了《放射线危害防止法》，其他大部分竞争对手公司都在努力降低放射线的放射量，但是没能使其完全降低到零的程度。

而根本特殊化学公司于1993年开发出了放射性物质为零的"N夜光"（LumiNova），并逐步供给全世界的钟表厂家。"减少"和"完全消除"这两个概念，在探索研究的难易度上完全不是一个级别。

根本特殊化学公司并没有满足于该项技术而止步不前，

近年来不断将事业从健康管理、标识等的防灾器械领域扩大到电子零件领域。他们认为"在特殊领域如果满足于先进的技术不进步，就一定会让强敌有机可乘"，因此该公司不断地挑战开发新领域的产品。该公司并不重视市场的大小，而是积极致力于其他公司未开发的领域，并在该领域中开发出具有独创性的技术，成为独一无二的企业。

1998 年，根本特殊化学公司在瑞士建立当地的法人公司，并开始向瑞士钟表行业销售"N 夜光"，2007 年也开始在当地制造产品。该公司计划不仅在日本，还要向瑞士渗透其"N 夜光"产品。

● Soracom 公司

从移动网络运营商都科摩公司（NTT Docomo）等通信运营商那里批发网络容量，加上附加价值后再用自己的品牌向最终用户提供移动业务，这叫作"移动虚拟网络运营商"（MVNO，Mobile Virtual Network Operator）。Soracom 公司就是这样一家公司，在物联网领域中不断构建革新平台。

由于对信息技术的初期投资额高，大多数情况下创立物联网相关的公司和建立新事业都比较困难，而 Soracom 公司力争克服这种困难。Soracom 公司的物联网系统是针对那些没有余力投资信息技术的用户，将信息技术的费用由固定费用变为可以自由变动的费用，减弱了数字化的壁垒。Soracom 公司是在日本启动"亚马逊云科技"（AWS）的玉川宪等人在 2015 年创立的新兴企业。

Soracom 公司的创立动机是"想用物联网做出像亚马逊云科技那样开放、公平的平台"，然而，将所有的物和互联网连接的物联网当下仍然处于发展阶段，而且物联网中还遗留着连接方法和安全性问题。关于连接方法，有线存在很多物理限制，不得不依靠无线。但是，无线局域网又需要事先设置。因此，为了能够操作简便，利用和智能手机一样的可移动通信是最合适的。利用移动通信，要签订许多关于使用时间和数量的固定合约，并且这种合约大多数是适合人使用的费用计划，不适合于面向物的数据通信使用量较少的情况。

用户在物联网通信平台中追求的东西除了较合适的费用，还有安全性、轻松运用、可以简易开始和中止等。可以解决这些诉求的就是"Soracom Air"系统。这个系统只要购入用户识别卡（SIM 卡）后就可以使用。

导入 Soracom 通信系统的初期费用（合约事务手续费）包括一张 SIM 卡 954 日元，基本使用费 1 天 10 日元，数据通信费每兆从 0.2 日元开始计算，每千兆从 200 日元开始计算。SIM 卡可以在亚马逊网站上购买。用户可以自己通过网页操作开始使用或者终止使用 Soracom 通信系统，使用多少就支付多少费用。

因此，Soracom 通信系统的开始、连接、终止操作都非常简便。并且 Soracom 公司将以往必须用硬件组成的地方换成用软件组成，实现了这一点后就能够轻易实现系统的扩展扩容。通信费用也会随着时间和通信速度发生变化，这些用户自己也可以自由变更。

Soracom 公司之所以可以提供便宜的服务是因为该公司平台的特殊性。以前的移动虚拟网络运营商需要在数据包交换、带宽控制、顾客管理、费用等方面设置专用设备，需购置一台价值数千亿日元的专用硬件设备，Soracom 公司抛弃了这些。Soracom 公司的平台基站虽然租借了网络运营商的容量体系，但是剩下的全部都依靠云软件运转，用软件置换了专用机器设备部分。通过依靠软件置换，不仅可以降低成本，用户也可以利用网络控制台或者 Soracom 公司的应用程序接口（API，Application Program Interface）自由变更通信速度。结果，实现了用户自主设置的灵活性和应对通信量急剧增加的扩展性。

Soracom 公司采取按量收费的标准，制定的价格比较合适，让 Soracom 公司不至于亏损。该公司并没有打算以公司亏损来增加顾客数量，而是一边提高利润一边增加顾客数量，随着顾客数量的增加，公司的成本就会下降，以此为资金来源进行降价。通过这种方法，其他公司就难以进入该市场与其进行价格竞争了。这和亚马逊云科技采用的是同样的方法。

Soracom Air 系统使用的应用程序并非是由 Soracom 公司制作的，而基本上是由用户制作的。这也是和亚马逊云科技类似的想法。Soracom 公司的想法是将自己的重点始终放在提供容易操作使用的物联网的通信部分，对于物联网系统中所需的其他部分会和擅长该领域业务的合作者联手提供。

Soracom 公司提供的合作者计划中，不仅有日立、富士通等大企业，还包括设备、解决方案、整合一体化、互联网方面的专业企业，并且对于开发者的合作也采用和亚马逊云科技类似的模式。用户将自己制作的应用程序拿出来共同构建"开发者共同体"。通过这一方式和平台、开发者共享信息，互相学习，也更容易自己组建系统。

Soracom 公司当初的用户大多数是在引入新技术时需要灵活的云服务的用户以及追求合理通信费的中坚企业、中小企业和新成立的企业。最适合测试什么会成为杀手级应用程序[①]。并且在传感器、设备数量众多，但每天的通信量较少的领域很有发展前途。例如，计算机与智能手机应用程序的综合性信息技术企业 Sourcenext 公司发售的智能翻译机 "Pocketalk" 中就采用了 Soracom 公司的 SIM 卡。

---

① 促使人们购买或使用其操作系统的受欢迎的应用程序。——编者注

2016 年，Soracom 公司与日本电信运营商 KDDI 公司合作，利用 KDDI 公司的线路开始提供用于物联网的低价通信服务。这个合作表明 Soracom 公司的技术得到了大型通信公司的认可，Soracom 公司的业务影响力也因此上了一层台阶，并且与竞争对手都科摩公司以及 KDDI 公司的联手合作具有划时代的意义（原本 Soracom 公司就是借用了都科摩公司的线路）。

对于 Soracom 公司和其他公司之间的竞争问题，现阶段还不存在和 Soracom 公司采取相同商务模式的企业。Soracom 公司在亚马逊云科技的"云"上构建虚拟通信系统，这个技术难以被模仿，也难以被新创立的、具有相同商务模式的企业效仿和追随。

另外，大企业也并非没有可能以其雄厚的资本为武器进入该领域，但是 Soracom 公司只是在成本上附加微不足道的利润开展事业，随着用户数量的增加会不断下调价格。大企业必须确保和投资平衡的利润率，所以可以说很难参与这样低利润率的事业。

2017 年 8 月，Soracom 公司对外宣布以收购金额 200 亿日元加入 KDDI 公司的体系。作为创业未满 3 年的新兴企业，能够被大企业花费 200 亿日元收购，这件事史无前例。收购后 Soracom 的公司名称和经营体制都保持原样。

对于 Soracom 公司来说，为了在日本和其他国家与地区加速开展业务，在系统开发和系统支持等方面利用 KDDI 公司的经营资源作为助力，特别是在其他国家，如果有 KDDI 公司为背景的话可以提高沟通和谈判能力。并且为了尽早应对 5G，也有必要和通信运营商构筑密切的关系。为此，Soracom 公司与 KDDI 公司商讨收购事宜。另外，对于 KDDI 公司来说，通过使用 Soracom 公司的软件技术，就能在激烈竞争的物联网业务中取胜，也有机会得到 Soracom 公司的中小企业客户群。

通过加入 KDDI 公司的体系，Soracom 公司增加了与上市企业之间的交易。2020 年，Soracom 公司对外宣布启动使用 KDDI 公司 5G 线路的通信服务。

2020 年以来，Soracom 公司表明其正在探讨向证券交易所进行首次公开募股（IPO）。新创立的企业进入大企业体系，在那里成长后以公开募股为目标，是新创立的企业有效利用大企业的经营资源获得发展的一种手法，最近也越来越被世人瞩目。

● Rhodes 公司

Rhodes 电钢琴虽然是键盘乐器的一种，但是在唱片说明书的演奏者一栏中，并不会写"键盘"（keyboard），大多数情况下都会写"电钢琴"。据说 Rhodes 电钢琴是 1943—1944 年美国陆军哈尔德·罗德斯（Harld Rhodes）为了给战争中受伤的士兵做音乐康复治疗而制作的一种键盘乐器。

1959 年，Rhodes 公司和芬德（Fender）公司成立合资企业，开始制造被称作"Fender Rhodes"的乐器。Rhodes 电钢琴拥有一套钢琴键盘，通过电磁拾音器放大那些键位锤击金属尖的声音。声音的强弱在音色上具有特色，用力弹而发出的独特颤音是 Rhodes 电钢琴特有的音色。在音乐键盘的世界中，1983 年雅马哈公司正式发售电子合成乐器"DX7"，那之后电钢琴就被数字键盘替代了。DX7 内部装有类似于 Rhodes 电钢琴的音源，并且装备了乐器数字接口（MIDI），可以和其他的数字乐器组合发出声音。之后，在被商品化了的电子琴中，使用了脉冲编码调制①（PCM）音源，使原声钢琴和 Rhodes 电钢琴的声音更加接近于原声。音响合成器以及电子琴由电子线路构成，不需要调音。由于机器零件少，和电钢琴比起来质量轻，体积小，便于搬运携带。

此外，Rhodes 电钢琴的原理是用小锤打击金属棒的方式发出声音，因此机器零件的比例大，质量也很重，并且需要调音，音程通过拨动被卷进音叉晶振的弹簧的位置调节，音质通过调节固定金属棒的螺丝松紧程度来调节，音量通过电磁拾音器和音叉晶振之间的距离来调节。保养这样的 Rhodes 电钢琴

---

① 脉冲编码调制数据是最原始的音频数据，完全无损，所以 PCM 数据虽然音质优秀但体积庞大。——译者注

虽然费事，但是其独特的音色使之作为独一无二的乐器受到当下大多数音乐演奏家的喜爱。1987 年，Rhodes 品牌被出售给了罗兰公司[①]，1997 年哈尔德·罗德斯买回了该商标品牌，现在被标记为"Rhodes"。

在音乐世界里，有许多品牌具有自身的独特性（见表 2-2），例如，被称为"录音棚"的索尼公司的专业乐手监听耳机、舒尔（SHURE）公司的麦克风、马歇尔（Marshall）公司的扩音器等商品，在自己的所属领域中都被当作王牌高居首位。

表 2-2　键盘的种类（除去原声钢琴）

种类	方式	代表乐器和厂商
电钢琴	用小锤敲击金属和弦	Rhodes CP-70（雅马哈公司）
电子琴	通过电子线路产生信号，目标是使原声钢琴的声音再现	Clavinova 系列（雅马哈公司）、卡西欧公司、罗兰公司
音响合成器	通过电子线路产生信号，使波形发生变化，自由制造出声音	DX7（雅马哈公司）、罗兰公司、KORG 公司[②]

资料来源：笔者制作。

---

① 电子乐器制造商和销售商。——译者注
② 日本老牌电子乐器厂。——译者注

● ELP 公司

激光唱机上的转盘是用激光光线读取模拟记录并进行播放的。制造和销售这种产品的就是美国通用电气公司的原副总裁千叶三树，他于 1972 年创立了 ELP 公司。

美国的研究者公布了唱片可以用光学方式播放的理论之后，美国的风险企业金融科技（Financial Technology）公司便开始推进开发该产品。该公司向大企业推销自己的产品并希望实现产品的大量生产。但是，日美的大型电机公司、音响生产厂家却认为"音乐的主流是数字化，模拟音乐没有市场""激光唱机上的转盘不适合量产"，并以此为理由拒绝了金融科技公司的请求。不过，千叶三树却认为唱片作为珍贵的历史遗产有必要被守护，于是他花费了数亿日元在 1989 年获得了该项专利，开始开发激光唱机上的转盘。

将电唱机上原来唱针的部分替换为非接触性的激光，对其进行与 CD 相同的操作后就可以听唱片了。由于激光的非接触性，电唱机不会损伤唱片，并且唱针磨损唱片的沟槽后已经发出"扑噗"声的唱片也可以用激光再次完美播放。播放频率实现了高分辨率的音域播放。

当初，激光唱机上的转盘的进货客户群大多是图书馆、电台、大学等机构，这些机构会将唱片作为资产来存储。之后，那些年轻时听唱片成长起来的"团块世代^①"，由于现在他们在时间和资金上都有了富余，因此成为音响发烧族，让激光唱片的个人客户占到 80%。ELP 公司经受住了 12 年的赤字经营，终于在 2001 年 5 月开始转向赢利。

另外，激光唱机上的转盘定价，基础款是 70 万日元（当初发售时约是现在价格的两倍），高端款定价为 160 万日元，该产品具有世界上独一无二的特性，成为小众市场的长期畅销商品。

● Pronexus 公司

Pronexus 公司的前身是亚细亚商会，成立于 1930 年，是一家股票的印刷公司。但是，创业者不想让公司只被别人当作一般的印刷店，一直在摸索进行差异化战略。

1947 年成立了亚细亚证券印刷公司之后，该公司的创立者便致力于创建一家证券印刷的专业公司。由于股票和现金一样都具有高价值，因此该公司不断钻研现有技术，在印刷的正确性和安全性方面不断精进，这也成为该公司一直以来的经营目标（2006 年公司改名为 Pronexus 公司）。

---

① 日本在 1947—1949 年出生的一代人。"团块"一词代表一个阶段集中出生而"成团成块"。该词最早出现在日本著名作家堺屋太一的小说《团块世代》中。——编者注

1974年，《日本商法》的内容进行了大幅度调整，以此为契机，和股东总会相关的召集通知等印刷需求也随之大量增加。从那时开始，Pronexus公司开始致力于印刷有价证券报告书。以前的有价证券报告书都是将财务部门制作的东西进行录入然后印刷出来的，该公司主要集中接这样的订单。

20世纪80年代后，企业被逐渐要求进行财务公开。Pronexus公司组织实行财务公开的实际业务研究会，和企业负责人一同学习，还举办各种研讨会，发行了相关的指导手册。从那时起，Pronexus公司就把公司业务从决算后的工程（信息公开文书的印刷）工作拓展到了决算之前的一系列工作。但是，与决算相关的工作具有很强的季节性，因此，该公司的人力资源状况总是在人手富余和人手不足之间徘徊（大部分日本企业会在每年的3月进行决算）。于是，1988年该公司开始承接印刷投资信托相关的募集材料文件的业务。与投资信托相关的业务整年都可以接受订单，这使该公司的业务量趋于稳定。

21世纪初，Pronexus公司推进了数字化进程。2001年开始承办"投资者网络电子披露"（Electronic Disclosure for Investor's NET work），用电子数据向日本金融厅提交决算材料。

关于有价证券报告书的印刷业务，还有一家公司是Pronexus公司的强有力竞争对手，那就是宝印刷公司。在2001年3月的决算期中，宝印刷公司和Pronexus公司业务量的比例大约是 5 ：3，宝印刷公司占据领先的位置。宝印刷公司是成立于 1952 年的日本老字号企业，当初从与增资相关文件的印刷业务开始，1960 年左右将印刷事业扩大到股东大会的召开通知以及事业报告书的印刷业务。

当时，在自己公司内部自行印刷有价证券报告书的上市企业约占 25%，自投资者网络电子披露以来，就需要系统制作资料。但是，由企业自己来系统印刷比较困难。于是围绕这 25% 的新客户，宝印刷公司和 Pronexus 公司之间展开了激烈的顾客争夺大战。由于 Pronexus 公司提早一步进行了数字化业务所以取得了优势，在 2006 年的 3 月决算期中，Pronexus 公司扭转了局势，业务量超过了宝印刷公司，在那之后便占据了第一名的宝座。

关于开展数字化业务，宝印刷公司和 Pronexus 公司的立足点不同。宝印刷公司是从顾客那里接收原文件，倾向于在公司内部进行数字化业务。但是 Pronexus 公司却采用了请顾客直接输入数据后公司再将数据变换为投资者网络电子披露方式，构成了顾客自己也可以进行数字整合的体系（这样一来，即便是在临近发布前也可以进行修正）。

有价证券报告书的印刷业务的顾客回头率高，其数据基本上是过去 5 年的数据，因此如果变更印刷公司的话，就不得不再次整合和提供过去的数据，对于企业来说很费事。宝印刷公司虽然也打出了价格攻势，但是仅靠价格攻势无法扭转局面。

2003 年，Pronexus 公司开始经营类似于现在的云数据科技的公示资料制作支援系统"EditZ"服务。该公司在新领域中开始着手的业务是数据库"eol DB"。它是收集所有上市企业的数据，并向大学、研究机构、金融机构、事业单位销售其版权的商务活动。就像后文中将要讲述的并购领域中的乐国富（Recof）公司那样，Pronexus 公司的目标是在上市企业的数据库中标示"出处：Pronexus 公司"，并成为该领域的非官方标准。

Pronexus 公司的业务从股票到决算报告书的印刷等，正确性、严守交货期限、保密性是公司一直坚守的原则。例如，对于内部人员的信息管理，Pronexus 公司不仅会限制登录人员、进行严密的进出管理、建立信息系统的防火墙、追踪溯源，还会彻底禁止相关人员的股票买卖、进行内部教育等。通过实施这些措施取得了成效，2008 年该公司获得了国际信息安全认证规格信息安全管理体系（ISMS, Information Security Management System）的承认。

现在，在Pronexus公司的事业中，与上市企业的财务信息公开相关的占44%，与上市企业投资者关系（IR, Investor Relations）相关的占26%，与投资信托、日本不动产投资信托基金①（J-REIT）等的金融商品财务信息公开相关的占27%（截至2021年3月决算期）。

日本不动产投资信托基金于2001年上市，与之相关的资料印刷也和投资信托一样不受季节性的影响，是Pronexus公司稳定的基础业务。对于企业的财务信息公开业务，该公司成立了研究组织，和企业一同积累相关知识。关于日本不动产投资信托基金，该公司和顾客一起举办学习会，确立公开资料的制作方法。加上从公司成立之初就开始从事的股票印刷业务，随着股票的电子化发展，虽然该业务在销售额中只占一小部分，但是收益率很高。

前文中讲过，Pronexus公司业务的季节性很强，但是该公司并没有在高峰期时配置相应的生产设备。在尽量提高内部制作率、推进高效率化的同时，那些机密性低的印刷业务，就与其他印刷公司合作，交给能够信任的外部印刷公司去做（但是决算报告书绝对不会交给外部去做）。还有凭借前文中讲过的投资信托和日本不动产投资信托基金相关资料的印刷业务，Pronexus公司可以确保一整年稳定的业务量，并充分有效地利用现有的设备。

---

① 从投资家处筹集资金，购买大厦、商业设施、高级公寓等不动产，将出租的收入和买卖差价收益分配给投资家的金融商品。

2008 年，Pronexus 公司开始提供对应可扩展商业报告语言①（XBRL，eXtensible Business Reporting Language）的 "Pronexus works" 系统。可扩展商业报告语言是计算机语言，是文字和数字的罗列，在文字和数值上赋予唯一的属性信息标记，依据包括国际会计基准（IFRS）的会计准则相互联动限制。例如，账目类别发生变化时，不仅文字会变化，与之相互限制的属性信息也会发生变化。

如果客户每年都委托 Pronexus 公司办理业务，就会习惯其系统的结构和操作，越来越离不开该公司了。决算业务的负责人最害怕的就是数字错误，该公司运用特殊的技术提供能够事前防止错误发生的系统，对于财务部门来说可以说提供了 "放心"。

印刷行业有大日本印刷公司、凸版公司等大型企业的存在，他们进入财务信息公开的相关领域也并不容易。时至今日，Pronexus 公司已不仅是从事公示资料印刷业务的企业，而是从资料公示之前就参与企业相关的业务中，成为一家支援财务信息公开过程的互联网服务商。

---

① 可扩展标记语言（XML）在商业报告领域的应用，它采用一种电子标签来明确定义某个信息，从而便于各种应用程序读取。——编者注

2016 年，Pronexus 公司开始提供智能召集服务。智能召集是将股东大会召集通知要点收集摘录后，对应到智能手机的网页中。2017 年，Pronexus 公司开始提供"国际会计基准公示全面支援计划"服务，这是一项全面支援企业的国际会计基准的服务，主要是向企业提供一整套把握整体公示状况的指南以及标准化的输入格式等。配合整个事业的全球化进程，Pronexus 公司不断推进和满足适用国际会计基准企业的各种需求。

● 凸版公司

将多张纸贴合在一起形成一张明信片大小的卡片，可以邮寄，顾客收到后揭开多张贴合的纸张，能够看到里面印刷着的机密信息。发明这个东西的就是凸版公司。我们一般将该发明称为"压合明信片"（POSTEX）。在 2020 年一年里凸版印刷公司就邮寄了 22 亿封压合明信片。以前企业需要将写有个人信息的卡片装进信封里，邮寄给客户，现在只需要一张明信片就可以解决，在很大程度上节约了成本。

凸版公司是一家销售额为 2182 亿日元，营业利润为 87 亿日元（截至 2021 年 3 月决算期）的企业。1965 年，凸版印刷公司和加拿大的商务印刷公司摩尔合并建立了凸版摩尔公司，这是其前身。1997 年，凸版印刷公司解除了和摩尔公司的资本合作，将公司名改为凸版公司，并于 1998 年在东京证券交易所一部上市。

凸版公司的事业起源于日本市场份额占第一位的商业表格编制业务，该市场的整体业务内容主要包括四类，分别为数据和文件资料业务（销售额占整体的70％）、信息技术革新业务（13%）、商业产品业务（12%）、全球化业务（5%）（截至2021年3月决算期）。压合明信片的主要定位是数据和文件业务中的商务表格编制业务。

1991年，凸版公司开发并发售了压合明信片。在世界首次开发出了可以寄送机密信息、低价位、包含大量信息、色彩鲜艳且防水的明信片。压合明信片在寄送过程中不能被拆开，顾客收到后才能打开，且可以整洁漂亮地揭开。该项技术中包含了很多专利，为了让纸张相互贴合，将天然橡胶、淀粉以及二氧化硅等细微粒子加入黏合剂，使表面凹凸不平。这些凹凸的表面可以使纸张之间紧密贴合但不会揭不下来。然后将明信片重叠后施加75吨物体产生的强压力，将凹凸底部的粘合成分压出表面，使纸张之间紧密黏合。在压合明信片领域，该公司具有200项以上的专利。

如果邮寄明信片的话必须单件质量少于6克，但是仅3张折叠起来就超过了6克。为此，凸版公司想方设法在纸张上打孔来减轻质量。

压合明信片包括先涂胶再印刷的方式、先印刷后涂胶的方式、黏合胶片的方式等，其他公司如果和专利所有者的凸版公司没有签订基本合约的话就无法推进自己的事业。凸版公司在 1996 年获得了关于压合明信片的专利，但是到 2010 年年末所有的相关专利都届满到期了。

在技术利基的场合下，如同马尼公司、根本特殊化学公司、Soracom 公司那样，不断开发出大企业无法追随的高水平的技术非常重要。但是，有些领域不投入巨额的研究开发资金就无法取得成果，因此，在这些领域有时利基企业难以与大型企业抗衡。

而像 Rhodes 公司和 ELP 公司的企业案例中所描述的那样，和人类的五官感觉密切相关的领域，大企业就未必一定强大了。这样的竞争也叫作"看不出次元的差异化"，我觉得利基企业有必要将竞争的关键点转移到这点上。

音响设备也在不断进行数字化革命，最终利基企业能够留下来的领域就是扬声器。英国天朗（TANNOY）、英国KEF、英国宝华韦健（B&W）、意大利势霸（Sonus Faber）、丹麦达尼（DALI）、瑞士品歌（PIEGA）等公司虽然规模小，但是直至今日还保持着高端商品的旗舰产品的地位。即便进入了数字化时代，声音的输出也不得不依赖于模拟技术，在这里蕴藏着无法量产的技术。

2. 渠道利基战略

渠道利基战略就是占领领导者企业无法追随的销售渠道，

通过该销售渠道垄断并独占有限的市场份额。

● 大同生命保险公司

大同生命保险公司主要将业务集中在向经营者提供在任期间的意外保险，这种保险业务对中小企业来说风险很大。具体来说就是经营者作为被保者，公司法人是保险受益人，这是一种个人定期保险（在一定期间死亡的话支付保险金的保险）。该保险的优点体现在两方面，一是依据企业的发展和责任扩大，保险费用会以一定的比例增加，是一种递增定期保险。二是伴随企业债务余额的减少，保险费用会以一定的比例减少，是一种递减定期保险。

通过此类保险，经营者不仅可以在自己万一出什么事后有所保障，还可以享受将保险金额作为公司的经费在税务方面享受减免和扣除的优惠。大同生命保险公司在个人定期保险领域中，在很长一段时间内市场份额都保持在首位。

1976 年，大同生命保险公司和日本最大的税理士团体"TKC 全国会"进行了合作。在保险行业首次有组织地开展了税理士的销售代理店经营方式。TKC 全国会拥有超过 10000 人的会员，来咨询的企业达到 550000 家。1996 年，大同生命保险公司又和税理士协同工会进行了合作。到了 2004 年，30% 的税理士事务所都成为大同生命保险公司的代理店。

对于税理士来说，对客户企业的发展提出咨询意见非常重要，生命保险就可以考虑为一种手段。签订生命保险合约后，税理士也可以获得相应的手续费，大同生命保险公司和税理士之间构建了双赢关系。2018 年 3 月，大同生命保险公司旗下经营的税理士、注册会计师的代理店数量，在日本达到了约 12600 家店。大同生命保险公司将目标集中于中小企业，抓住可以通往该领域的税理士销售渠道，形成了大型生命保险公司今后无法实施同质化策略的结构。

大同生命保险公司的战略特征为明确了自己不从事的业务。第一，不做以个人为对象的保险销售。个人保险是大企业的主要业务，一般通过企业的销售人员的数量来竞争，大同生命保险公司不去做这样的业务。第二，不积极销售大企业生命保险的主力业务，即带有定期存款的终身保险等。对于中小企业来说，专门做定期保险是因为该领域的需求大。第三，不参与单纯的价格竞争。比起价格竞争，大同生命保险公司更加重视去完善销售代理店的销售支援体系以及和合作团体之间的活动。

1999 年，大同生命保险公司和受到主妇群体欢迎的太阳生命公司进行了全面的业务合作。2001 年并购了倒闭的东京生命公司，从保险互助公司转换为股份公司，2004 年由 T&D 集团控股上市，同年获得了表彰优秀经营业绩的第四届 "波特奖"。

2018 年，为了加入继承领域以及解决和支援中小企业的经营课题，大同生命保险公司和理索纳（Resona）银行 ① 开始了业务合作，不仅销售保险，还进一步致力于中小企业的继承方面的业务。

● Chacott 公司

Chacott 公司是一家制造和销售芭蕾舞鞋、芭蕾舞道具的公司，成立于1950年，自1961年开始制造紧身衣、紧身裤等，是世界最大的芭蕾舞用品制造商之一。

1983 年左右，爵士舞和健美操在全世界流行，不仅学习芭蕾舞的学生，还有那些热衷于健美的女性都开始穿起紧身衣来。于是该市场迅速扩大，以此为契机，大企业华歌尔 ②（Wacoal）、美津浓 ③（Mizuno）、迪桑特 ④（DESCENTE）、高得运 ⑤（GOLDWIN）等公司纷纷进入了该市场，特别是时尚感和设计方面，大企业占据了优势。但是，当这股热潮逐渐退去，进入该市场的大部分大企业开始撤退，老字号 Chacott 公司虽然占有的市场非常有限，但是一直占有市场份额的首位。

---

① 由日本大和银行和日本旭日银行合并而成，是日本的第四大银行。——译者注
② 日本一家以内衣为主的成衣制造商。——译者注
③ 日本运动品牌。——译者注
④ 日本运动品牌。——译者注
⑤ 日本滑雪服品牌。——译者注

Chacott 公司虽然在材质和设计方面具有优势，但是支持该公司继续经营下去的动力是全日本 10000 家以上的芭蕾舞教室这条销售渠道。Chacott 公司的销售对象遍及全日本的芭蕾舞教室，Chacott 公司在教室里放置自家公司的产品目录，建立和教室之间的紧密联系。该公司从早期就以芭蕾舞教室的教师为对象建立了会员制度，会员可以以 20%~30% 的折扣购买用品。芭蕾舞教师们用折扣购买的用品可以销售给学生，这个差额实际上就是渠道购买的利润。

因为不是商业交易，所以在芭蕾舞教室销售商品不能严格称为"渠道"。但是，刚学习芭蕾舞的学生第一次购买紧身衣和舞鞋时往往会和教师商量，教师便会有很大概率让学生看 Chacott 公司的商品目录并推荐其产品。而且，芭蕾舞教室在进行公开表演的时候，表演者需要穿统一的服装，这时教师们的推荐也很重要。例如，跳群舞的舞者里只有一个人紧身裤的颜色和其他人不一致的话，就会影响整体步调的一致性。站在舞台上的舞者绝大多数都是群舞者，这些群舞者购买服装一定会遵从老师的推荐。1987 年，Chacott 公司虽然收购了仰慕已久的英国老字号芭蕾用品公司 Freed of London，但是也烦恼于接班人问题和业绩难以继续增长的问题。1990 年，Chacott 公司将股票全部转让给恩瓦德集团。进入恩瓦德集团后，以 Chacott 的品牌打入体育服装领域发展，谋求两家公司的合作优势。

迄今为止，虽然也有大企业来竞争，但是 Chacott 公司在芭蕾舞等舞蹈用品市场以绝对优势一直占据着市场占有率第一的位置。

● 卡慕公司

或许这个例子有点年代久远，我以前去其他国家旅行回日本时，总会在免税店购入三瓶酒，不仅可以自己喝，也可以作为礼物送给家人和朋友。在 19 世纪 80 年代，日本人中最受欢迎的白兰地酒是卡慕（CAMUS）公司的"拿破仑"（Napoleon）牌。卡慕公司是位于法国科涅克的著名干邑白兰地生产企业，由卡慕家族经营。卡慕公司生产的"拿破仑"干邑白兰地，以优美的瓶装设计和昂贵的价格为特征。

卡慕公司最畅销的销售渠道就是免税店。在日本国内以相当高的价格销售，但实际并不畅销。卡慕公司的酒适合当作礼物，因为作为礼物含有"特意买来昂贵的东西送给您"的意思。在日本国内的价格设置目标不在于要卖得好，而在于给人们制造一种这是昂贵的东西的印象。在免税店看到该产品的价格低于国内的时候，购买者就有一种赚了的感觉。

为了扩大销售渠道，卡慕公司和免税店大型企业 DFS 免税店签订了销售合约，通过这种方式卡慕公司大获全胜，完美地超越了其他白兰地酒公司并确立了自己的品牌形象。DFS 免税店是创建于中国香港的免税店，创业以来，以日本观光客为主要客户群得以发展起来。就卡慕公司的渠道战略来说，DFS免税店是最合适的销售渠道。

世界的白兰地市场，即拿破仑干邑［宾三得利（Beam Suntory）品牌］、轩尼诗［酩悦·轩尼诗 – 路易·威登集团（Louis Vuitton Moët Hennessy，英文简称LVMH）］、马爹利［保乐力加（Pernod Ricard S.A.）品牌］、人头马［君度集团（Remy Cointreau）］这四大企业占据了大多数市场份额，由于卡慕公司采取了正确的销售渠道措施，因此在日本拥有相当高的人气。

渠道利基通过早期占领，能够有效获取特定客户群的销售渠道，并以此取胜，之后大企业虽然持有大量的经营资源，但要去追击的话也改变不了现状。换言之，早期就占领团体销售渠道，这是非常有效的。但是，行业团体、经济团体、职业团体、文化团体、生活协同工会、会员制度、学校等团体销售渠道有可能已经被其他公司开拓完毕，因此有必要探寻与现有团体不同的新的连接方式。

3. 特殊需求利基战略

有一部分市场需求是非普遍性的特殊需求，需要一定的技术和服务才能满足，而获得这一部分的有限市场的战略就是特殊需求利基战略。

● Toshintec 公司

1964 年东京奥运会时，东京的大型出租车企业在新车上使用的都是出租车专用的自动门，而 Toshintec 公司占据了该市场领域 90% 的份额。Toshintec 公司成立于 1959 年，是一家专门从事自动门事业的公司。该公司主要采用的是真空式空气门，司机通过用手拉控制杆便可以开关门，是一种手动式自动门。其构造原理是将司机座位旁的控制杆和汽车的后门连接，可以灵活地把门打开一点或者缓缓将门关上。因为其构造简单，所以不需要维护费，也很少发生故障，并且很容易安装。

Toshintec 公司的产品中，有不少针对不同车型的特别定制产品。为此，该公司提高了内部的生产效率，来应对产品的交货期和数量。但是，从扩大销售额的角度来看，如果日本所有的出租车都改成自动门的话，一辆车不会安装两部自动门。并且日本政府对产品进入出租车行业限制得非常严格，出租车数量也不可能增加为两倍，因此市场是有限的。该公司在日本国内的市场份额中虽然占有绝对优势，但是考虑到今后很难再持续增长销售量，于是在 1973 年进入中国香港市场，1993 年进入中国澳门市场。

● 宝贝蒙公司

宝贝蒙（Takara Belmont）公司是理发美容座椅的顶尖制造商。当下，该公司的产品在日本市场中占了 60% 以上的份额。理发美容座椅就是理发店、美容院中顾客坐的椅子。

宝贝蒙公司成立于 1921 年，是一家铸造物工厂，以美国科肯公司的理发美容座椅为样板打造产品，进入理发美容座椅市场。主要业务是生产并销售理发美容座椅以及洗发台，后于 1938 年成立了美容师培训学校。1967 年甚至打入了诊断台、手术台等牙科医疗领域。之后又进入全身美容、美甲等领域，在 2020 年 3 月决算期的销售额占比中，39.6% 是理发美容领域，39.7% 是医疗领域，由此可见，医疗领域用品领域的销售额首次超过了理发美容用品领域。

宝贝蒙公司在商品开发中重视理发店和美容院顾客使用的座椅的舒适度，也重视理发美容师的需求。例如，以前在美容院，洗头发的时候顾客后仰，美容师在侧面站着为其洗头发。但是，美容师若长时间地保持这种姿势，便总会不自然地扭动身体，这也是造成美容师总是腰疼的原因。因此，该公司开发出了美容师从正后方就可以为顾客洗头发的座椅和洗发台，成功减轻了美容师腰疼的状况。这种座椅比原来的座椅价格稍贵，但是在实际使用后受到了美容师的一致好评。最近，由于美容师人手不足，还出现了招人难的情况，对于追求良好工作环境的美容师来说，如果美容院没有安装这样的椅子就不愿意去应聘。隶属于该公司的宝美容专业学校中，学生们的呼声和需求在商品开发方面也起到了积极作用。

1993 年，宝贝蒙公司开始销售移动式洗发台。当初打出的产品亮点是节省空间，现在还将卖点放在能够减轻老年人的负担上。并且产品逐步升级，又生产出了剪发染发专用座椅以及移动式洗发台。其产品"YUME OASIS"是可拆卸式移动洗发台，用来减轻顾客每次洗发需要移动的负担。只需将洗发台和地板下面的配管连接，不用移动地方就可以洗头发。该公司还研发了面向福利设施的产品，例如坐在轮椅上就可以洗头发的洗发台。

宝贝蒙公司于 1993 年开始销售的自动洗发台的销量也很高。在以年轻人为中心的理发美容室的人手不足问题日益严峻的情况下，能够减轻美容师的负担、提高效率，因此这类美容美发器械的交易量也在不断增加。

● 朝日印刷公司

1872 年朝日印刷公司在日本富山成立，公司有效利用"药之富山"的选址，开展药品包装材料的事业。2002 年，朝日印刷公司在东京证券交易所二部上市，是一家专业做药品包装、药品附属文件（说明书）、卷标等的印刷公司，在日本市场占有约 40% 的份额。虽然业务对象是药品包装，但是印刷技术是一样的，因此，大日本印刷公司、凸版公司等任何企业看起来都可以加入该市场。

但是，关于药品用法等说明文件，在日本《药事法》中，对于文字的颜色和大小等都规定得极为详细和琐碎。例如，使用说明书的文字大小必须在 6 磅[①]以上，特别要注意的禁忌情况（给人体带来不良影响的、有危险的使用方法等说明）必须使用 8 磅以上的文字。包装上的表示药品种类的文字必须在 8 磅以上，字体颜色必须是黑色或者白色。还有营养片剂的服用量和药品不同，禁止写"1 次服用 1 粒"，必须写明标准量。

对于这么多的详细且琐碎的规定，公司在制度方面必须能够迅速应对，因此大型印刷公司不会加入该市场。另外，如果出现印刷错误，有可能关系到人的生命安全，因此朝日印刷公司非常重视产品包装材料的安全性，特别是在产品质量检验方面也投入了最大的力度。然而一直占有利基市场宝座的朝日印刷公司，今后也不得不面对数字化转型的威胁。

根据 2021 年 8 月日本《药事法》的修改，关于医疗药品中和产品包装在一起的纸质说明书，原则上不再使用，今后基本上都使用电子说明书。装药品的盒子上会附上条形码或二维码，通过智能手机或者平板电脑扫描后就能看到最新的文件。这样一来，可以预想朝日印刷公司一直以来固守的利基市场就会受到很大的冲击。另外，虽然一般药品还是会在包装内放入

---

① 这里的"磅"不是质量单位，而是字模单位，我国一般使用字号。——编者注

纸质说明书，但是对于市场比较大的医疗药品就要进行数字化转型，这很有可能动摇该公司的事业基础。

● LECIP 公司

LECIP 公司是制造和销售公共汽车、铁路的用电机器、产业机器、汽车零部件等配件并提供相关服务的公司。公共汽车在运行中所需的全部电器都会系统联动，该公司被称为"用于公共汽车的电器总体供应商"。

LECIP 公司不仅经营像公共汽车的定位系统、运行支援系统那样的大型系统，还制造并销售公共汽车车内的到站显示器、下车信号装置（按钮）、车内灯、投币箱、公交卡导引、出票机器、乘务员支援机器等硬件设备。

该公司制造的公共汽车内搭载的投币箱就拥有日本市场60%的份额。公共汽车的投币箱和食堂的售券机相比，受到空间有限、总是会上下震动、多功能等条件限制，技术难点较多。包括大型企业在内的生产精密机器的公司数量有很多，但是能够生产出即便震动也不会产生故障的精密机器的企业数量是有限的。并且有些公共汽车需要分别收取硬币和纸币。在这一点上 LECIP 公司具有自己独特的技术。

除了投币箱以外，在上下车按钮、运费显示器、到站站名显示器等方面，LECIP 公司可以说是满足了乘客特殊需求的典型利基企业。

关于特殊需求利基战略，凭借从产品出发向市场推广（Product-out）的方式已经不能占领市场。能否抓住行业的实际需求，将会成为阻止大型企业进入该市场的壁垒。为此，业务人员和技术人员不仅要经常去现场考察，还要像宝贝蒙公司那样，亲自培养在现场工作的美容师等，通过建立这样一种体系才能够真正抓住顾客的真正需求。另外，还要像 LECIP 公司那样，对于相同的顾客需要连续不断地努力开发商品。

限定量的利基战略

1. 空间利基战略

所谓空间利基战略就是仅把有限的区域作为自身的事业领域来集中资源，即便是大型企业也抢占不了该区域的市场份额。

● 赛客玛特公司

1971 年，赛客玛特（Seico mart）公司从酒类专卖店转型，开设了日本第一家便利店。1974 年，该公司成立了便利店运营公司"赛客玛特"，将街边的酒类销售店铺连锁化，实现了业态转型。

赛客玛特公司以北海道为主要目标市场（在茨城县①和埼

———————

① 位于日本本州岛。——编者注

玉县^①也有分店，但都是收购的其他陷入困境的公司）。截至2021年2月底，该公司在北海道的门店数为1170家，服务人口覆盖率达到99.8%，占有的市场份额高达36.1%（截至2020年3月底），领先于其他大型公司经营的便利店，位居榜首。

该公司的特点有四个。第一，与其他便利店不同，直营店较多；第二，不执行24小时营业制，这一点也与大型公司经营的便利店不同；第三，拥有自己品牌的食品工厂，实行产销一体化；第四，大力推广在店内直接烹饪的"热厨"服务，即在接受订单后店内人员直接制作炸猪排饭或猪肉盖饭，便利店扮演了食堂的角色。北海道地区的食堂数量少，这项服务满足了其地域特性衍生出来的顾客需求。

相较于便利店领军企业7-11便利店，赛客玛特公司在北海道拥有高密度的店铺、物流网络，这个优势很难被其他企业效仿。另外，产销一体化与"热厨"服务，7-11便利店也没能跟上。由于"热厨"服务需要在店内自制便当，十分费事，因此很多连锁加盟店不愿意提供该服务。这也是赛客玛特公司不断推进直营化的原因。

不过，除非北海道的面积增加一倍，否则赛客玛特公司的销售额很难持续增长。因此，该公司在北海道开设分店的同时，

---

① 位于日本关东地区。——编者注

还充分利用了其从酒类专卖店发展起来的优势，将从其他国家直接进口的葡萄酒向东京首都圈的超市、便利店、酒店销售。此外，还向关东地区的便利店分销自己生产的冰激凌和其他产品。

2015 年春，赛客玛特公司于东京设立物流点，开始向关东圈的永旺集团等公司销售自己研发的产品。就这样，赛客玛特公司在以北海道为立足点的同时，也以不挂牌的形式加强开展对外销售业务。

● YAMASA Chikuwa 公司

日本丰桥的竹轮、鱼饼制造商 YAMASA Chikuwa 公司创建于 1827 年，现任董事长标榜"我的公司不会在比睿山和箱根山脉的另一边开设直属店"。说起日本出名的鱼饼制造地，除此之外还有小田原、仙台等，但是这些地方的鱼饼厂家大多都会在全日本开展销售工作。那么，为什么 YAMASA Chikuwa 公司要限定区域进行销售呢？

原因是 YAMASA Chikuwa 公司的规模没有小田原的鱼饼制造商玲广公司大，因此需要将有限的经营资源集中在特定的区域。玲广公司的营业额为 102 亿日元（2019 年 8 月决算期），YAMASA Chikuwa 公司的营业额为 41 亿日元（2019 年 3 月决算期）。实际上这里面还有一个不为人知的目的，那就是正因为 YAMASA Chikuwa 公司没有在其他区域开设店铺，其产品才能成为到访丰岛的人必买的土特产礼品之一。土特产礼品的价值就在于只有在当地才能买到，并且购买土特产礼品的费用不属于日常开支，是在旅行途中临时支出的费用，因此即便是固定价格也能畅销，利润率便随之增长。

● 崎阳轩公司

崎阳轩公司建立于1908年，公司立志要制作出横滨的著名特产，并以此为动机开始研发烧卖。1928年，该公司制作的烧卖成为横滨站的车站便当，此后其制作和销售的烧卖便被商品化了。

崎阳轩公司在东海道线的车站站台内以前所未有的"烧卖女孩"的销售方式售卖烧卖，积累了不少人气。顺便提一下，现在日本最畅销的车站便当就是该公司的烧卖便当。烧卖在常温条件下的保质期为一天，保存期非常短（冷藏的话可以保存40小时）。为了解决保持期短的问题，1967年崎阳轩公司开发出了真空包装的烧卖（保质期为5个月），以此为契机将烧卖产品推向了全日本，并一举扩大了商圈。

不过，虽然商圈扩大了，但使用真空包装的烧卖难以让顾客品尝到汁水满溢的烧卖原本的鲜美味道。到底是将品牌推向全日本还是就在横滨发展？崎阳轩公司的野並直文董事长不得不面临如此重大的抉择。最终他选择了后者，决定做地方品牌。结果，他的选择成功了，崎阳轩公司作为扎根于横滨的企业再次出发。崎阳轩公司通过缩小商圈，达到了与YAMASA

Chikuwa 公司一样的经济效果。

空间利基原本是由于一些限制条件，类似于地方银行、地方广播电台等在一定的地域开展事业时常用的碎片型商业手段。但是，在当下，企业需要跨越地域界线来追求规模经济时，这已经成为行业中的常识。而也有少数企业会通过构筑高级路线来确立自己的独特地位。例如，以东京都为中心的高级连锁超市纪之国屋就属于该类企业。

2. 时间利基战略

时间利基战略就是在限定的时间内集中发展事业，这对于担负高额固定成本的大型企业来说，在需求不旺盛的时期内无法收回固定成本，因此不会加入该市场与其他企业竞争。

● LSI medience 公司

兴奋剂检查在重要的体育比赛中必不可少。兴奋剂检查手段在不断进步，现已具备了先进的检测技术，在 24 小时之内就能获取检测结果。在日本占据该领域绝对性优势地位的就是日本 LSI medience 公司（旧称为三菱化学 medience 公司）。该公司的前身设立于 1988 年，2021 年 3 月决算期的营业额为 877 亿日元。经营范围包括临床检测、诊断药品、诊断器械、临床试验、化学物质管理等。

LSI medience 公司是日本唯一一家获得世界反兴奋剂机构的认定（ISO/IEC17025）的检测机构。该公司平常一年内会检测 6000 ～ 7000 件样本，而在举行国际体育比赛期间，则会检测上万件样本。这正是仅在限定时期内需求激增的时间利基战略的典型企业案例。

为此，该公司更换了分析设备，购入了最新款设备，建立了依靠其他国家支援的人员工作体制。在如何顺利度过业务量高峰期和非高峰期问题上，该公司积累了丰富的经验和知识。

● 小额短期保险

小额短期保险是根据 2006 年 4 月的《日本保险业法》的修订诞生的保险类型，截至 2020 年 8 月，有 105 家公司合法从事该类保险业务。小额短期保险业务是指"只从事具有一定事业规模，保险金额较少，保险期限在 1 年（损失保险为 2 年）以内的保障性商品的业务"，通常被称为"迷你保险"。关于保险金额，规定死亡保险为 300 万日元以下，医疗保险为 80 万日元以下，损失保险为 1000 万日元以下。并且保险费用缴纳后不予退还。此类保险的范围涉及葬礼保险、专门用于女性疾病的丰厚保险、婚礼取消保险、律师费保险、紧急救援保险、智能手机意外保险等多个领域。

还有一些比较有特色的保险类型，例如，在宠物保险的逐渐普及中，催生了高额的宠物专用保险；日本 HIS 国际旅行社还销售了一种天气保险，即在旅行中，如果持续下雨，便以现金的形式给旅客返还一部分交给旅行社的费用。另外，由于被诬陷为"色情狂"的犯罪事件频发，也诞生了一种律师费用保险，即发生该类事件时，可以给律师打电话寻求帮助。还有在摩托车保险中，限定被保的摩托车品牌只能是哈雷戴维森（Harley-Davidson）的保险。

这些险种涉及的范围都是那些既有的大型生命保险、损失保险中无法覆盖的利基领域。并且如果大型企业加入该领域竞争，由于市场过小，需求过于特殊而无法进行。小额短期保险面向的对象和一般的保险不同。小额短期保险适合的对象是具有利基保险需求的人、短时间想要变更保险的人、想追加短期保障的普通保险参保人，以及尚未决定买何种新保险而临时购买保险的人。

在小额短期保险中有一种非常独特的保险，那就是东京保险科技初创企业 JustInCase 公司发售的"AA 制分摊癌症保险"。这是一种保险费用开始为 0 日元，当投保人被诊断为癌症时，一次性可以领到 80 万日元的保险。从投保人患癌症的那个月起，支付给投保人的保费由全体投保人分摊，这笔钱加上管理费后，以后付费的形式缴纳。并且保费根据年龄的不同决定上限。也就是说，投保人中如果没有出现新的癌症患者，该月的保险费就为零。

以前的保险风险全部由保险公司承担，但是在 AA 制保险中，投保人也承担了一定的风险，所以保险费就变便宜了。对于投保人来说，保险费的使用途径明确且具有合理性。也就是说，这是一种以前日本互助会（由若干人组成，按月存款，轮流借用）的现代版。AA 制分摊癌症保险于 2020 年 1 月开始发售。美国、德国等国家已经开始普及"P2P 保险"（合约人之间互相分摊风险的保险），但是在日本这是首次推广。

小额短期保险于 2006 年登场后，以每年 10% 的速度持续增长，2018 年保险费收入超过 1000 亿日元。加入该保险事业的企业数量也超过了 100 家。看到如此强劲的增长势头，大型保险企业也加入了进来。例如，日本财产保险（Sompo Japan Insurance）公司不仅建立了自己的小额短期保险公司，还和即时通信公司连我（LINE）联手共同开发了"连我保险业务"；2019 年，住友生命保险公司将 Air 小额短期保险公司变为了自己的分公司。在财产保险领域中，位列首位的东京海上控股公司也建立了自己的小额短期保险公司；爱和谊日生同和损害保险（Aioi Nissay Dowa Insurance）公司也向小额短期保险公司出资。另外，2021 年 1 月在生命保险领域中位居首位的日本生命保险公司宣布建立小额短期保险的公司。

大型保险公司由于其规模庞大，一直以来向客户提供的都是迎合大众喜好的多合一式保险。投保后，对于一般人来说，可以覆盖生活的方方面面。但是，四口人的家庭在减少，因为家庭经济困难想要重新购买其他保险的人数在增加，因此，希望精准购买真正需要的保险的需求正不断增加。但小额短期保险有一些不确定因素存在，例如市场较小、单价低、保险期限短等，由于竞争对手是一些低成本公司，因此即便增加销售额，利润率也有可能比传统的保险商品低。不过，日本的多数大型企业比起利润率更加追求规模的大小，所以即便利润率下降也有加入该领域竞争的倾向。

时间利基战略就是由于一定时期集中举行比赛（如奥运会、国际足联世界杯），像婚礼和葬礼那样非日常的活动以及只有在某个转折点产生的需求（如个人电脑系统的更换、消费税率的变更、年号变更）等，存在能够开拓市场的可能性。

将时间利基战略事业化之际，需要公司具备一定知识来有效配置作为固定费的自有资源和转变为变动费①的资源之间的比例。

3. 容量利基战略

容量利基战略由于市场规模过小，领导者企业不会加入该市场，从而能够让利基企业享受利润。

---

① 包括出厂价（销售行业）、运费、包装费、保管费、销售手续费、材料费、从外部订货费（制造行业）等。——译者注

● 特玛苏公司

"蝴蝶"（Butterfly）这个品牌在从事乒乓球运动的人们之间无人不晓，但是特玛苏（Tamasu）这家公司恐怕没多少人知道。特玛苏公司创建于1950年，是一家年销售额超过60亿日元的乒乓球用品专业生产商。由国际乒乓球联合会主办的最具权威性的世界乒乓球锦标赛中，出场运动员的53.2%（2019年）使用的都是蝴蝶品牌的球拍胶套，其产品占世界市场份额的首位。该公司的创始人也是乒乓球运动员，并且公司职员的70%都是原乒乓球选手。在其他的乒乓球用品厂商为追求低成本而纷纷委托外部厂家生产产品的热潮中，特玛苏公司一贯坚持由自己公司生产产品并将其销往全球100多个国家和地区。

特玛苏公司是后发展起来的公司，当时同领域先发展起来的公司有10家左右。虽然发展起来得较晚，但是特玛苏公司后发制人。该公司得以发展起来的关键在于将目标客户群由普通的乒乓球爱好者缩小至顶尖的乒乓球运动员。为此，该公司一直以来每年用于研究开发的经费达到3亿日元以上。

特玛苏公司不仅制造和销售乒乓球用品，还出版了乒乓球启蒙杂志《乒乓球报告》，虽然是赤字经营，但是一直坚持到2018年。因为特玛苏公司的企业目标为"深入挖掘乒乓球的内涵"。

见表 2-3，由于参加乒乓球比赛的人数少，因此对于亚瑟士（ASICS）、美津浓等运动品牌的大型企业来说市场过小，不值得参与竞争，因此特玛苏公司才得以独占鳌头。

表 2-3　过去一年内日本从事体育运动的人数（10 岁以上）

运动项目	人数 / 千人
徒步、简易体操	46821
使用器械的训练	16672
保龄球	14334
慢跑、马拉松	13667
游泳	12430
爬山、远足	11346
自行车旅行	8934
钓鱼	9814
高尔夫	8900
棒球	8143
乒乓球	7664
羽毛球	7559

资料来源：日本总务省"平成 28 年（2016 年）社会生活基本调查"。

● 雪峰公司

雪峰（Snow Peak）公司创立于 1958 年，当初是新潟县燕三条的一家金属批发商。创始人为一名登山家，想开发自己原创的登山户外用品而成立了公司。1963 年注册雪峰商标。

2014 年在东京证券交易所的玛札兹市场（即创业板市场）上市，2015 年被认定为东京证券交易所一部市场股票。

雪峰公司崇尚的目标是"人性的恢复"，企业理念是"带给地球上所有东西好的影响"。雪峰公司从 1986 年左右开始致力于户外露营领域的产品开发，力图向日本人推荐一种新的生活方式，并开始销售结实的帐篷用短桩以及不伤害地面的焚火台等。所有产品的制造生产都交给燕三条当地的匠人。在燕三条拥有很多技术高超的五金匠人。

1996 年，公司正式更名为雪峰公司。那一年日本掀起了前所未有的户外露营热潮，有 1580 万人加入了汽车户外露营。但是，第二年市场便急速萎缩，导致该公司连续 6 期盈利下降。该公司为了起死回生，从 1998 年开始举办"雪峰路"（The Snow Peak Way）露营活动。该活动是公司的员工们和热情的户外露营爱好者们直接面对面的露营活动。活动的主要内容是人们围绕在篝火周围畅谈，公司的董事、员工和顾客在帐篷里度过一晚愉快的时光。该活动可以听到顾客的心里话，于是公司人员从顾客口中得到了"备货不齐全""想买的时候买不到""价格太贵"等反馈。在露营活动中，该公司坚持不推销自家的产品。

雪峰公司的产品价格和竞争对手相比较贵。购买者以30 ~ 40 岁、收入水平较高的人为主。雪峰公司根据客户的平均消费金额将会员分为 6 类。最高级别的蓝宝石会员，需要在雪峰公司累计消费超过 300 万日元。

雪峰公司立足于"员工自身也是用户"的立场来思考产品和服务，和前文中的特玛苏公司一样，雪峰公司的大多数员工也是户外用品的忠实用户（和那些很少有经营者也去户外露营的其他竞争公司划清了界线）。

雪峰公司的产品永久保修，因此不配备保修证书。产品原则上不会降价，也不会频繁更新样式和型号，公司的目标是做长销产品。公司的特征是没有中间批发商，以雪峰直营店为主进行销售。直营店会常驻雪峰公司总部的员工，即便是对于那些具备丰富露营经验的顾客，员工也会恭敬礼貌地接待。

● 布朗普顿公司

日本的折叠自行车市场比起一般的自行车市场小很多。据说在日本，平均每家自行车经销店每年销售 261 辆自行车，其中包括折叠自行车在内的小轮车销量只占 7%。因此，普利司通（Bridgestone）、松下、丸石这些大型自行车厂商几乎都没有致力于开发该市场。

在折叠自行车市场中，获得人们高度评价的是英国的自行车制造商布朗普顿（Brompton）。在大多数自行车制造商为了降低成本，纷纷将生产基地转移到新兴国家或者将订单外包的情况下，布朗普顿公司的原则是坚持自己生产所有产品。

布朗普顿公司经过不懈的研究开发，生产出了质量只有12千克、可以折叠搬运的16英寸（1英寸≈2.54厘米）自行车。人们可以带着这种自行车乘坐公共交通工具，如地铁、公共汽车等。为此，该公司的产品成为远距离自行车旅行爱好者垂涎的产品。

之后，为了应对新冠肺炎疫情，人们开始减少乘坐公共交通工具通勤，购买自行车的人数增加，布朗普顿的折叠自行车开始在全世界受到人们欢迎。特别是其满足了在城市生活的人的需求，订单蜂拥而至。

● Tobila Systems 公司

Tobila Systems 公司是一家专门用来拦截骚扰电话以及骚扰信息的新兴企业。该公司的系统与三家大型公司合作，通过收费应用程序的形式提供给顾客，是一家杰出的利基企业。虽然和都科摩公司的"安心防范"、KDDI 公司的"骚扰信息和电话拦截"、软银集团的"骚扰电话拦截"这些名称不一样，但都是提供相同的骚扰诈骗电话和信息识别服务。Tobila Systems 公司的销售额的 78% 主要来自三家大型手机公司。而且，不仅限于手机，也对个人固定电话和商用电话提供诈骗电话识别服务。

Tobila Systems 公司成立于 2006 年，2010 年为了消灭汇款诈骗行为开始研发识别诈骗电话的"Tobila phone"系统。该系统自 2011 年起开始销售，2019 年在东京证券交易所创业板市场上市，2020 年被认定为东京证券交易所一部市场股票。

由于与新冠肺炎疫情相关的诈骗案数量突然增加，该公司甚至可以直接从警局获取诈骗犯使用的信息，正因为该公司可以给人信赖感，所以能够在市场竞争中获胜。另外，个人计算机领域中最大的威胁就是电脑病毒。为了杀除电脑病毒，世界上有三大安全软件企业，分别是趋势科技（Trend micro）公司、赛门铁克（Symantec）公司、迈克菲（McAfee）公司，除此之外还有数家追随的全球企业。它们在世界各地设立分公司开展杀毒软件事业。为了能够尽快迅速且准确地应对新出现的电脑病毒，这些企业在世界各地设置了不同时差的各分公司，安排优秀的开发人员，因此今后小企业加入该领域会非常困难。

计算机安全软件企业也有可能加入市场同样大的智能手机安全软件领域，但是 Tobila Systems 公司从事的骚扰电话以及骚扰信息市场，和他们的主力事业相比市场太小了。使用 Tobila Systems 公司系统的客户在 2020 年 7 月超过了 1000 万人，该公司 2020 年 10 月决算期的销售额为 12 亿日元。

容量利基战略比较容易实施。只要找到综合性厂商薄弱的领域就有加入的可能性。例如，企业案例中列举的体育领域中，那些从事该项运动人口众多、市场规模大的领域已经被艾斯克斯、美津浓那样的大型企业占领，像制造排球比赛中的正式用球而出名的米卡萨（Mikasa）公司、专注于制造运动器材的势能（Senoh）公司、制造乒乓球桌的老字号三英企业那样，如果得到运动员的支持后能够建立自己的品牌，大型企业就难以追随效仿了。

4. 残留利基战略

所谓残留利基战略就是由于产品的生命周期已进入衰退期，市场缩小，已经没有什么可赚取的利润了，因此大企业从该产品领域撤退，剩下的企业在有限的规模中追求利润的一种战略。例如，韩国三星电子公司的半导体，并没有跻身于最先进的半导体行列，而是专业经营发展落后一大截的半导体。

但是，手冢贞治认为，为了享受到残存者利益，"不仅要继续生存下去，还需要在缩小的市场中，构建生存下去的商业模式"。

● 东洋化成公司

模拟唱片在其鼎盛时期的 1979 年，在日本国内一年内就生产了 1 亿 9880 万张。

东洋化成公司成立于 1959 年，是日本国内唯一一家集刻录、压制、包装一体化的唱片 [1] 制造公司。在被刻录的喷漆盘

---

[1] 这里指黑胶唱片，即转速 78 转 / 分，声槽宽度 0.1 ~ 0.16 毫米，声槽密度每厘米 30 ~ 50 条的留声机唱片。——编者注

的沟槽处施加银膜处理，两面电铸的东西就是主盘。从主盘剥离镀镍之后的盘就是母盘，用母盘进行声音的确认。然后从通过试听检查后的母盘中翻起大量压制的子盘。以此为基础通过压碟机压制，唱片就可以完成。一张子盘平均可以压出 1000 张唱片。

在唱片的全盛期，大型唱片公司都有自己的压碟工厂。当时，东洋化成公司的主要客户是一些独立的小公司。之后由于 CD[①] 的登场，唱片数量锐减，东洋化成公司秉承"一直坚持到完成最后一张唱片的订单"的坚强意志，一直持续生产唱片。

现在，世界上唱片的压碟工厂只剩下 20 余家，但是最近，雕刻在 CD 中的频率在 22 赫兹以上的声音被记录在唱片中，以讲究音质的音响发烧友为中心，再次掀起了唱片的热潮。

根据美国唱片业协会 2020 年上半期的调查，1986 年以来历经 36 年之久的唱片销售额首次超过了 CD。在日本，2009 年年产唱片 10 万张，销量跌入谷底，但是 2020 年生产张数增加了 10 倍以上。东洋化成公司的销售额也随着市场变动不断增长。

● 长冈贸易公司和日本协同电子公司

直到 1980 年左右，能够代表日本的唱针制造商的都是长

---

① 亦称激光唱片，一种用数字音频技术记录音响信息的媒体。——编者注

冈公司，但是由于 1982 年 CD 的登场，其销售额迅速减少。在日本，CD 约在 5 年内替代了传统的黑胶唱片（LP）。该公司也在尝试开展出租录像带的批发业务等，进行多元化的尝试，但是由于看不到未来发展的方向，1990 年该公司自主解散。不过，热爱唱针事业的员工们没有放弃，他们同年建立了长冈贸易公司（只有销售部门），继续开展以往的事业。制造工作由原长冈公司的主力工厂——山形长冈公司继续负责。现在，长冈贸易公司以唱针业务为中心，制造和销售音响相关的零配件。

另外，日本协同电子公司是日本协同电子系统集团的分公司——协同电子工程公司的音响制造商。产品有拾音头（将唱片的音槽变换为电子信号的设备，可以变换唱头的形状）以及晶体管式唱头放大器，占据高端音响的大部分市场份额。唱针和拾音头由于唱片的衰退其市场逐渐缩小，但是如前所述，在黑胶唱片复兴的潮流中再次受到人们关注。唱片中相当于高分辨率的声音由于没有被剪掉而被记录下来，所以可以享受到比 CD 音域更宽广的音乐。

● 日本亚邦尼公司

在日本销售的大多数保龄球都是美国制造的，唯一一家制造保龄球的日本企业就是日本亚邦尼（Ebonite）公司。该公司年营业额为 7 亿日元，主力事业是生产印刷用轧辊。

美国制造的保龄球符合美国人高大的体型，日本的专业球手和业余球手只能将就使用。日本亚邦尼公司开始制造保龄球是在 1952 年。在那之后，该公司以符合日本人体型的保龄球为目标持续开发产品。日本亚邦尼公司的产品会先让专业的日本选手试用，获得改进意见后再继续开发。

日本在 20 世纪 60 年代中期至 20 世纪 70 年代初掀起了保龄球运动热潮，日本国内开设了多家保龄球场，成立了 10 家左右的保龄球生产厂家。但是，保龄球运动热潮转瞬即逝，现在日本国内的保龄球厂家只剩下日本亚邦尼公司一家。

2018 年的日本保龄球公开赛中，亚邦尼公司的产品开发终于获得了成功。使用该公司保龄球的专业选手获得了冠军。该公司的保龄球外皮具备打出全中球不可缺少的弧线，为了达到这个弧度，亚邦尼公司延长了氨基甲酸乙酯树脂的加热时间，将原料牢牢固定并使其能够更加容易贴合球道。

亚邦尼公司保龄球的销售额超过了 1 亿日元，为了赶超美国的保龄球公司，该公司还在不断开发新产品。并且，该公司也会根据客户需求定制产品，因此可以说亚邦尼公司也属于之后要讲述的定制利基企业。

● 富士胶片公司

从产品水平来看残留利基战略，富士胶片公司的拍立得相机"instax"可以说是代表性的例子。"instax"是在拍照时使用一次成像胶卷的拍立得相机的名称。"instax"相机于1998年发售，当时由于比起需要冲洗的照片，拍立得相片更快捷，所以受到女生的欢迎。"instax"相机作为拍摄过生日以及婚礼时的纪念照片的相机在消费者中得到普及。如果单说能轻松拍照这一功能，智能手机更占有优势，但是在拍完照现场就可以打印，并可以在余白处涂画或者写字这一点更吸引年轻一代。并且，"不能加印加洗"这个缺点反而成为"instax"相机无法被复制的优点，于是其变为为偶像拍照以及在特色咖啡厅拍照的必需品，因为消费者有想拥有世上仅存的唯一一张照片的需求存在。

2002年前，"instax"相机每年的最大销售量可达到100万台。但是之后销售量急速下降，2005年只有10万台，"instax"相机一时陷入退出市场的危机。2007年以后，"instax"相机出现在韩国恋爱电视连续剧中，以此为契机，"instax"相机的销量呈V字形复苏，2011年为100万台，2015年达到500万台，并且"instax"相机的销量有9成来自国际市场。

关于拍立得相机，美国的宝丽来（Polaroid）公司曾将其事业化，但是该公司破产之后，现在世界上只剩下"instax"相机这一种产品了。在世界上同时拥有胶卷、显像技术、相机的机械技术的公司只有富士胶片公司，既没有公司与其竞争，它也不需要调整价格，该公司具备岩石般坚固的壁垒，享受着残留利基战略。包括消耗品在内，所有产品都由富士胶片公司的产品构成，因此该公司的利润率也很高。

2017 年，富士胶片公司发售了搭载液晶显示器和超小型SD 卡插槽的新型号相机。这种产品可以将拍下来的图像立刻显示在液晶显示器上并可以对图像进行编辑和加工。如果拷贝至小型 SD 卡上，用"instax"相机照下来的照片也可以传送到智能手机等，并且照片可以被保存和复制。这样一来，通过和数字化的结合拓展了"instax"相机的新的可能性，反过来也隐藏了失去其作为"绝品"的拍立得的优点。

使用残留利基战略的企业案例除此之外还有制造算盘的Tomoe 算盘公司、制造吉他拨子的池田工业公司、制造石油风扇式暖风机的大日工业公司等，但是，产品的生命周期进入衰退期后并非一定会产生残留市场。另外，在具备必须要继续使用的理由的衰退期中也会产生残留市场。例如，由于小学三年级学生的学习指导纲要里包含算盘这一教学内容，因此算盘至今依旧是必需品；作为文化遗产，唱片需要留存下来，因此制造唱针和拾音头的公司也不会消失。举一个比较旧的例子，在人们普遍使用的计算机操作系统变为 Windows 以后，工厂内的弱电系统集成（FA）的终端依旧长期使用日本电气股份有限公司（NEC）的 9800 系列操作系统。虽然事务部门、销售部门都更换为 Windows 系统，但是没有预算去更新工厂机械的操作系统，或者这个系统是和其他系统无任何关联的封闭系统的时候，该产品作为残留市场留下来的可能性很大。

反过来说，即便形成了利基市场，但是没有必须要继续使用的理由的场合，也将不得不从市场撤退。以前电子计算器出现之前，有一种叫作计算尺的轻便计算工具。该工具主要通过滑动竹制的指针来进行计算。一直到 1965 年左右，日本小学还有使用该计算尺的课程。那时候有一家叫作 Hemmi 的制造计算尺的大型厂商，充分发挥了其优势，但是该计算尺课程逐渐被学习指导大纲废除，于是这种计算尺在课堂上也不再被学生们使用了。

现在，Hemmi 公司逐渐转型为制造和销售印刷电路板、流体控制机器、半导体制造装置等的公司，计算尺这一产品也几乎销声匿迹了。

5. 限量利基战略

限量利基战略就是通过有意识地缩减生产量和供给量，从而让人们觉得该产品非常稀有，以此确保公司利润的战略。领导者企业之所以难以采取该战略，是因为限制供给量也要消耗一定的固定成本费用，有可能无法获得收益。

容量利基战略和限量利基战略的区别在于，前者是指市场规模本身就小，而后者是指虽然可以量产但是特意通过控制供给量将市场规模限制在一定的小范围内来获得收益。

过去，老字号点心、日本酒等相关领域的企业经常采取该战略，最近粉丝黏度强的手办[①]、纪念币、钢笔、石版画等商品领域的企业也经常采取该战略。但即便是量产的产品领域，就像威士忌那样，企业也能通过特意减少数量唤起人们对拥有稀有物品的需求。

● 戈尔公司

零部件和原材料等的 B2B（企业与企业之间的商务模式）企业很少会用宣传自己公司品牌的方式去打动消费者。村田制作所和日本可乐丽（KURARAY）等公司通过电视广告宣传公司名和品牌，与其说是为了销售自己公司的产品，倒不如说是为了提高公司的社会认知度，加强企业的社会贡献（CSR）或者吸引和引进优秀的人才（例如，英特尔公司之所以在个人计算机上贴"Intel Inside"的贴纸，是因为日本优秀的学生都不会揭下它）。

但是美国戈尔公司（W. L. Gore & Associates Inc.）却用向消费者宣传原材料品牌的方式来打动和吸引消费者，并让消费者选择自己公司的产品。1958 年，戈尔夫妻创立了戈尔公司，为了摸索运用一种被称作聚四氟乙烯（PTFE）的新聚合物。戈尔公司发明的延展多孔性质的膨体聚四氟乙烯（ePTFE）作

---

① 一般指现代的收藏性人物模型。——编者注

为使用性广泛的多功能面料，运用于人造纤维、防水布、薄膜、胶带、软管等各方面。膨体聚四氟乙烯具有化学稳定性（和其他物质难以起化学反应），生物体适应性（对于生物体组织、细胞，不会发生炎症、免疫以及形成血栓等），强韧性，耐热性，低摩擦系数，抗紫外线（在紫外线充沛的屋外使用时，不容易变色、变形、劣化）等卓越的特性。

戈尔公司以膨体聚四氟乙烯面料为核心，将事业扩大到纤维织物、医疗、工业用产品等领域，并将其作为纤维织物把"戈尔特斯"品牌用于服装面料，直接服务于消费者。

戈尔公司的纤维织物产品，防风、防水、透气性好，其户外服装非常耐穿，赢得了消费者的高度信任。特别是能够兼顾透气性和防水性两个看起来相互矛盾的功能，是戈尔特斯品牌最大的优势。商场里的服装如果带有戈尔特斯的商标品牌，单价就会比其他服装高出很多。

在日本，戈尔公司和润工社（电线电缆生产商）以 50 比 50 的比例，于 1974 年成立了合资企业，公司名为日本戈尔特斯（GORE-TEX）公司。戈尔公司以戈尔董事长提出的"真正的顾客是终端用户"的信念为基础，向全世界的消费者宣传戈尔特斯品牌。

1982 年左右在日本掀起了滑雪热潮，采用戈尔特斯面料的滑雪服被人们爆买。但是，日本戈尔特斯公司认为滑雪热潮会很快退去，公司必须尽早涉足其他领域。该公司考虑到"这样优良的面料，向消费者加大宣传也不错"，于是在向消费者宣传的同时，和纤维织物厂商共同致力于商品开发。例如，戈尔特斯品牌追求防水的重要性，该公司就会在商品开发中思考接缝处该如何通过填涂处理等来增强防水性。并且戈尔公司将缝制设备借给纤维织物厂商，甚至签订涂缝的许可协议。这些做法都是因为戈尔特斯品牌想要充分地直接和消费者建立联系。戈尔公司和其他面料厂商的不同之处在于，其只是向纤维织物厂商的高端产品提供戈尔特斯的面料。由此，消费者也会逐渐认为"高端产品使用的都是好面料"，也有消费者认为"使用戈尔特斯面料的服装质量就是上乘的"。这就是戈尔公司成功的主要原因。相同时期类似的面料有 3M 公司的新雪丽高效暖绒，新雪丽（Thinsulate）是由"薄"（thin）与"隔热"（insulate）两个英文单词组合而成的，与戈尔特斯面料不同的是该产品面向广泛的产品线供货。

戈尔公司在成品服装上虽然都会挂上戈尔特斯品牌标志的标签，但并不向纤维织物厂商交付赞助费。因为戈尔公司和纤维织物厂商之间是双赢关系。高端商品当然价格也很贵，但是由于消费者意识到这是使用戈尔特斯面料的价格不菲的服装，因此也会非常乐意掏腰包购买。最终转来转去还是戈尔公司赚取了高额利润。

日本戈尔特斯公司于 2009 年解除合资，完全成为戈尔公司的全资子公司，将公司名称改为日本戈尔公司，同时戈尔特斯这一品牌也只用于纤维织物了。

● 山下达郎

以下虽然不是企业的案例，但是我想通过山下达郎的市场营销策略给大家介绍一下限定量利基战略的要诀。

山下达郎是日本的创作型歌手，他公开宣布了自己不会去做的三件事，包括：不上电视；不在日本武道馆或有观众席的比赛场所开现场演唱会；不写书。作为歌手一般先会通过出唱片在电视上露脸，来扩大自己粉丝的数量，然后在大型会场举办现场演唱会，从而走上明星之路。过去也有很多新出道的流行歌手宣称不上电视，但是等上电视后人气飙升，便转变了其想法和做法。

山下达郎不仅固执地不上电视，连 DVD 也一概不销售。比起包装和宣传，他更重视让观众听歌。如果在武道馆或者有观众席的比赛场所开现场演唱会，就能扩大山下达郎的歌迷市场，他也能获得巨额收入，但是山下达郎并没有这么做。因为在舞台上表演，音乐可以以高质量的音质传达给会场的所有观众，这也是他优先坚持的信念。但是武道馆和有观众席的比赛场所不是按照音乐大厅设计的，这里无法达到他的要求。即便是举办现场演唱会，在他的表演歌单里也会出现不使用麦克风原声演唱的歌曲。

作为山下达郎常年使用的、主要举办演唱会的中野太阳广场，仅仅可以容纳 2222 人，但是在这个大厅内坐在最后的观众和台上的演奏者都可以清晰地听到音乐的声音（武道馆的最大容纳量为 14471 人）。山下达郎的音乐会没有休息时间，长达 3 个多小时，在此期间，他不会离开舞台（这和那些本人唱几首歌后就马上插入乐队演奏，宣称换服装从舞台上消失的歌手形成了鲜明的对比）。

当歌手达到一定的受欢迎程度后，就会建立歌迷俱乐部，加入俱乐部的歌迷可以享受到门票的优先预约权和购买、阅读相关宣传杂志。通过稳固歌迷和增加歌迷俱乐部的人数，就可以支持和调动现场演唱会歌迷的热情和积极性。山下达郎虽然也有歌迷俱乐部，但是很长时间里都没有再召集新会员，比起会员人数的增长，他更重视支持他多年的老会员。增加歌迷俱乐部人数的话虽然会费收入会增长，但是本来就已经难买到的现场演唱会的门票就会变得更加一票难求，也会降低那些老会员的满意度。

山下达郎不写书的理由是他觉得归根结底自己的身份是一名创作型歌手。山下达郎的现场演唱会以一票难求而著名，但是即便如此，他也不举办那些安逸的追加公演，一概不出售现场演唱会的 DVD 等。为此，为了欣赏到他现场唱歌的样子，现场演唱会的票只能由抽签决定。另外，为了防止票贩子倒卖门票，他的演唱会实行日本最严格的本人身份验证制度（确认票的购买者和来场者是同一个人）。

就这样，为了追求音乐的品质，不走量，采取匠人般利基路线的山下达郎，从他演唱事业活动开始，至今已超过40年了，一直受到热情歌迷的支持。

另外，山下达郎的《圣诞夜》这首歌从1987年到2020年一直每年入围日本公信榜[①]周榜单曲前100名以内，持续了35年之久。进入周榜单曲前100名的持续年数也是历代第一位。换句话说，就是山下达郎一边坚持走限定量的利基战略路线，一边长期畅销，位居日本第一。

● 美国运通公司

1980年，美国运通（American express）公司在日本发行了黄金信用卡，加入了信用卡领域。加入之后，美国运通公司按以往的定位，以高收入层为目标开展事业。当时日本信用卡（JCB）普通卡的年费约1000日元，但是美国运通公司的普通卡（绿卡）的年费却高达10000日元，其黄金卡会费约20000日元，与其他公司发行的信用卡的年费价格不是一个级别。

从1982年左右开始，以发行信用卡的银行为主，向日本

---

① 日本最具知名度的音乐排行榜。——编者注

全国发行黄金卡（年费约 10000 日元），信用卡行业的分栖现象逐渐瓦解。于是，这些发行信用卡的银行纷纷效仿以往美国运通公司的各种优惠服务（海外旅行保险、客户服务、购物保护、携带物品补偿等），不同银行的信用卡之间的差别逐渐消失。美国运通公司规定了海外旅行保险只适合于用本公司信用卡购买机票的场合，但是与此相反，有银行推出了没有附加必须用该卡购买机票才能获得赔偿条件的信用卡。

对于这些银行的攻势，1993 年美国运通公司也开始提供在其他公司看来习以为常的积分服务。虽然人们认为"没有人会为了积分持有美国运通公司发行的卡"，但是这也算是其为了解决燃眉之急的举措了。

在信用卡服务激烈的同质化竞争中，美国运通公司发行了更加高级的白金卡（年费 143000 日元）来抗衡。白金卡号称是"没有能再添加的服务"的卡，可以应对顾客的所有要求。

2003 年，美国运通公司进一步发行了被称为"地球上只有极少数人才能拥有的卡"——百夫长卡（通称"运通黑卡"），稳固了其高级信用卡事业的地位。持有运通黑卡需要美国运通公司的邀请，不接受新客户的申请。在互联网上还有专门介绍如何获得美国运通公司邀请的攻略。运通黑卡没有使用限额，提供优质的私人管家服务，该卡年费高达 385000 日元（我的推测，金额没有公开），可以说是其他信用卡公司很难追随效仿的战略。

美国运通公司通过"会员就是特权"的广告宣传语进行宣传，在高收入层市场中引以为豪。对于客户的任何要求，美国运通公司的原则是"从一开始就绝对不会说做不到"。

一直以来，拥有美国运通公司的信用卡是人们身份地位高贵的象征。"可以使用美国运通公司信用卡的商店"必须是可信赖程度高的高端商家。并且美国运通公司具备训练有素的服务人员，顾客对他们业务的满意度很高。特别是当遇到信用卡丢失的情况等危急场合时，美国运通公司提供的安心感和周全的照顾是其他公司无法效仿和追随的。

有一个经常被提及的小插曲，美国运通公司对于顾客的"想买金字塔"那样办不到的难题，都会以不说"不"的服务来回应。也就是说，关于美国运通公司的服务内容，可以说是完全的定制型服务。该公司 10 点 ~18 点半给顾客提供专属的电话管家服务，顾客可以用会员专属的号码免费拨打电话接受服务。服务内容不会对会员本人之外的人公开，体现了该公司的神秘性。运通黑卡中，除了有用一般的塑料制作成的卡片，还有用钛制作成的卡片，两种卡片的触感不一样。

信用卡业务本来是通过规模经济来获得利润的事业，会员少成本就会变高。但是美国运通公司在其服务方面创造出了一个又一个的神话，通过限制持有者的数量，即便是交纳高额的会费也让人们希望拥有。

想要采取限定量利基战略的时候，需要控制量，因此企业只靠该利基事业的销售额很难取得进一步发展，企业需要同时实施一系列的组合事业来支持企业的发展。

限定质与量的利基战略

1. 定制利基战略

定制利基战略就是提供以完全定制为基础的产品和服务的战略。

● Knot 公司

Knot 公司于 2014 年在东京吉祥寺地区创立，是一家定制手表的公司。该公司运用日本各地传统的工艺与技术通过定制的方式，给顾客提供日本制造的高质量、价格适中的手表。交货期短到顾客可以在订货的次日拿到商品。

Knot 公司并没有将手表看作是"确认时间的道具"，而认为其是"表达个性的穿戴用品"。表带和表链可以自由组合出 20000 种以上的定制样式，并且表链上的装饰物不需要使用任何工具就能替换，顾客可以根据当天的心情随意组合。

定制的话就不得不提高价格，但是 Knot 公司想方设法在供应链方面花心思。一般国际品牌的手表，需要历经"零部件厂商→国际工厂→商品→制造商→品牌持有者→进口代理店→零售"这样多个环节的供应链，但是 Knot 公司大幅度削减了供应链，形成"零部件制造商→日本工厂→ Knot 公司"的简单形式。为此，Knot 公司得以把价格控制在了合适的档位。

● 松下定制体系

提起松下公司，大家都知道它是一家有名的家电领先企业，通过量产量贩的形式采取成本领先战略。但是，就是这样的松下公司，想必大家不知道它曾经也做过不追求量的定制事业吧。过去，人们一般都是买成品自行车用于上下学和通勤，但是松下公司却将定制一辆仅属于自己的自行车变为可能。

松下公司采取了扩大竞技自行车市场的战略。和美国相比，竞技自行车在日本普及率低而且价格昂贵。原先的竞技型自行车平均单价为 60000 日元，松下公司打算将价格提高到 100000 日元以上。在此过程中，松下公司也看到了定制专属于个人的自行车的消费者需求。

于是，松下公司将车型、座椅尺寸、车把尺寸、颜色、刻名字服务等进行组合后，创造出了可以进行 91470 种组合搭配的 "POS" 自行车。为了让消费者选择最适合自己的自行车，还研发了被称为 "合适比例"（fitting scale）的将自行车的三脚架、鞍座、踏板等一体化的测量设备，所有人都可以用该设备测量出最适合自己的尺寸。

松下公司规定接受用户订购后到交货之间的周期为 2 周。松下公司以前也从事过面向专业选手的定制自行车的业务，但是从订购到交货需要花费 2 ～ 3 个月。2 周的时间是参考了西装定制服务的等待时间，松下公司认为这是日本人等待的最佳时间长度。

为此，松下公司着手改革了最花时间的"自行车专卖店→代理店→销售公司→松下电器→工厂"的供应链。松下公司采取的是人们在自行车专卖店订购后，专卖店店员用传真机直接将订单发送给工厂进行制造的制度。当时，传真机还没有在专卖店中得到普及，以此为契机，松下公司加速了在专卖店中引进传真机。

1987 年 6 月，松下公司开始启动"POS"自行车的销售，之前预测每个月只要有 100 辆的订货量就好，但是在同年的 6 月中旬，松下公司就收到了超过 500 辆定制自行车的订单。于是同年 9 月，松下公司追加了女款自行车的定制，次年 2 月追加了全地形自行车（ATB）样式，组合样式达到 92940 种。1989 年松下公司创造了月平均销售量超过 1000 辆的销售业绩。

对于"POS"定制自行车，松下公司决定将顾客订购数量多的型号以及颜色的商品从次年的商品目录中删除。因为打出了"专属于你"的宣传口号，所以如果松下公司销售顾客订购量多的组合的自行车，对顾客来说就会增加和自己的自行车相同的自行车擦肩而过的概率，那样就会降低"POS"事业的价值。

定制利基战略，就事业经营方面来说，需要着重考虑如何在增加顾客定制可选项的同时，不提高企业的成本。如果依据顾客的选项定制后会提高成本，企业就无法获利了。因此，如同 Knot 公司和"POS"自行车那样，企业可以考虑改革供应链，或者建立不完全制造（制作出半成品，最后的部分依照顾客的要求制作）体制，通过组合模块使之达到商品化生产。当下在戴尔和 NEC Direct 等电脑厂商中，采用半成品生产体制的方法已经变得普遍。

2. 更换成本利基战略

产品服务的市场规模小，而且进入该市场有壁垒，或者将现有顾客替换为后发企业的产品或服务会花费较高的成本，在以上情况下，领导者企业难以推行市场同质化策略。前者需要花费成本用于得到认证或者相关指定从业者的承认，后者需要花费更换现有产品和服务的顾客转移成本（switching cost），这样的战略叫作"更换成本利基"。

在这里，作为前者的企业案例介绍 Qualicaps 公司、保木医疗公司，作为后者的企业案例介绍日本津村制药公司、日本锦宫公司。

● Qualicaps 公司

Qualicaps 公司创办于 1965 年，是日本盐野义制药公司和美国礼来（Eli Lilly）公司对等出资建立的。1992 年，Qualicaps 公司成为盐野义制药公司的全资子公司。2005 年，Qualicaps 公司被投资基金凯雷集团并购。2013 年，日本三菱化学公司收购 Qualicaps 公司并成为股东。

Qualicaps 公司主要从事药品胶囊以及制药机械的制造。胶囊的制造事业在世界仅有三家，该公司在世界位于第二位。胶囊的成本在药品制造成本中所占比重并不大，但是 Qualicaps 公司获得了很高的利润。

利润率如果高，就会有大型企业参与进来，这不足为奇，而壁垒是大型企业要获得批准许可。为了销售药品，各国都必须从相关管理机构（日本是厚生劳动省）获得批准。如果公司想把制造胶囊变更为制造其他东西则需要重新申请，这需要花费不可小觑的成本和时间。并且从新进从业者那里采购胶囊的话，万一品质出现了问题，医药公司需要负担受害者的损失，并且承担很大的诉讼风险、名誉损失风险，回收成本也很高。为此，没有新进从业者想要更换业务重新加入该行业，敢于更换业务重新加入该市场的医药公司数量也极少，新进从业者持续享受着垄断地位。Qualicaps 公司的业务持续的时间很长，据说十年前它只是一家销售试制品的医药公司，但是十年后变得有时也会接到量产的订单。

● 保木医疗公司

保木医疗（hogy medica）公司的案例将在第四章的协作战略中详述，这里简单介绍一下。保木医疗公司是一家将手术中使用的手术刀、注射器、缝合线、医用纱布等整套用具以完全消毒灭菌的形式配套供应给手术室的公司。该公司原本是一家医用无纺布的制造厂家，为了达到配套供应的需求，也引进了泰尔茂（Terumo）公司以及美国辉瑞公司、美国强生公司等大型竞争对手公司的产品。如果仅仅是灭菌配套化，拥有多个产品生产线的竞争对手公司也可以做，但是每个配套组合都需要医疗器械的批准，就必须一个一个地去申请。这样令人头疼的成本令许多新加入者望而却步。

另外，对于医院来说，一旦习惯了保木医疗公司的配套化供应服务，就免去了特意去凑单品的麻烦，并且如果更换使用其他公司不好用的产品就要花费成本，因此保木医疗产品的回购率很高。

● 日本津村制药公司

汉方药①在日本的医疗药品市场占2.3%，在一般药品市场占4.7%，从整个药品市场来看，汉方药的市场占有份额较低。而在医用汉方药领域，日本津村制药公司的产品占80%以上，

---

① 即在日本经过一些发展的中药。——编者注

具有绝对优势。另外，在药店中可以买到的一般汉方药中，日本津村制药公司的药品排在日本钟纺（Kracie）公司、小林制药公司、乐敦制药公司之后，位列第四，市场份额为5%左右。

日本的医药顶尖企业武田药品工业公司在2021年3月决算期中，综合销售收入为31978亿日元，与此相比，日本津村制药公司的综合销售收入为1309亿日元，在日本的药品市场中，日本津村制药公司可以说是一家利基企业。

汉方药产品具有以下问题：市场规模小；从确定药价到收录在册需要很长时间，并且药价被压得非常低；由于汉方药源于自然生长的植物，根据原料的生产地以及栽培方法的不同，品质也容易参差不齐，可以说是限制新加入者的市场（第一点和第二点相当于前文阐述的阻止领导者企业进入市场的战略）。

日本津村制药公司的汉方药按照药材的种类编号，例如"葛根汤的编号是1"，这已经被印在了药剂师的脑海中（见表2-4）。

表2-4　主要汉方药和日本津村制药公司的编号

编号	汉方药名称
1	葛根汤
19	小青龙汤
23	当归芍药散
27	麻黄汤

续表

编号	汉方药名称
68	芍药甘草汤
107	牛车肾气丸

资料来源：笔者制作。

原本汉方药的名称中就含有许多不常用的日语汉字，对日本人来说难以正确书写。以前开处方的医生就抱怨过"写不出来制剂的名称""写起来太麻烦"，因此厂家便制作出刻有汉方药名称的印章分发下去供医生使用。但是，医生们认为只写编号速度会更快，因此汉方药制剂编号就此推广开来。可以说给汉方药制剂加上编号这一做法使汉方药得以在日本被广泛使用。

当初每个制药厂家都有自己独特的编号，但是随着日本津村制药公司药品的市场份额越来越大，其他公司就采用了其编号，日本津村制药公司的编号便成为行业的标准（但也有一部分汉方药厂家按照自己的编号编制）。

为了让人们容易识别出日本津村制药公司的汉方药，日本津材制药公司编号的第二位数字的颜色与其他数字的不同。药品如果和其他东西混淆会事关人命。为此，为了消除医生等相关人员拿错药的风险，能够用熟悉的编号开处方非常重要。日本津村制药公司首创了药品的编号制度，这也是医生和药剂师不愿意将其更换为其他公司产品的原因。

● 日本锦宫公司

日本锦宫（KING JIM）公司 2020 年 6 月决算期的综合销售收入为 335 亿日元，而文具行业的领导者企业日本国誉公司的综合销售收入为 3006 亿日元，日本锦宫公司是无法与其比拟的小企业。但是，日本锦宫公司的招牌产品文件夹却被很多竞争对手竞相模仿，占据市场份额首位。

实际上，顾客在购买文件夹之际，文件夹并没有发挥其功能，而是在装入文件后归置在架子上的时候才发挥其功能。假如有一些文件要以月份区分，文件的大小、厚度、设计每个月都不同，那么查找的时候就不太方便了。为此，对于常年使用日本锦宫公司文件夹的顾客来说，更换其他品牌的文件夹的话成本就会很高。也就是说，文件夹与其说是消费资料倒不如说是接近于基本生产资料。

从以下这个小插曲也可以理解日本锦宫公司的文件夹的替换成本有多高。从事文具邮购业务的爱速客乐（ASKUL）公司开展事业后不久，当时该公司经营的商品全部都是总公司普乐士（PLUS）制造的产品。但是，许多注册了爱速客乐品牌会员的顾客呼吁"希望提供的产品中也包括日本锦宫公司的文件夹"。

为了满足消费者的需求，爱速客乐公司实验性地将其他公司的产品，即日本锦宫的文件夹首次加入商品目录，结果销量惊人。由于品质几乎相同的普乐士公司制造的文件夹价格更便宜，于是爱速客乐公司给购买锦宫文件夹的顾客打电话，在致谢的同时说明了情况。但是，爱速客乐公司打了电话的大多数企业却注销了爱速客乐品牌的会员。当初爱速客乐公司不明白为什么会发生这种情况，明明是因为顾客说需要锦宫文件夹所以才加入商品目录的。后来爱速客乐公司才了解到，即便自己说"爱速客乐公司的产品便宜"，但是顾客会认为"爱速客乐公司不了解顾客的实际情况""每次买锦宫文件夹的时候都会打来电话真让人受不了"。也就是说，文件夹需要在样式和设计上有连续性，虽然别家的商品便宜，但是一般消费者不会1月用锦宫品牌，2月用普乐士品牌，3月用国誉品牌。

为了提高用户的更换成本，首先要让顾客熟悉自家的产品。为了尽早让顾客熟悉并习惯用自己的产品，公司可以通过免费赠送等方法尽早普及产品。一旦顾客用习惯了之后，即便是后续出现功能更加优良的产品，顾客一般也不会轻易更换现有产品。有名的案例就是个人计算机的键盘排列。在机械式的打字机时代，如果打字速度快的话打出的字的长条就会重合，所以设计成将连续打字概率低的字排列起来的键盘组合形式。但是到了个人计算机时代，虽然开发出了更加高效的键盘，但是由于打字员习惯了过去的排列，因此无法得到普及。这样一来，习惯就成了阻止替换的重要原因。

另外还有增加沉没成本的方法。例如，大量购入与产品主体具有互换性的周边产品的顾客，即便其他公司的产品性能更优良，他们也不会轻易更换，因为更换的话那些投入到周边补充产品中的费用就无法回收了。就像大量购入苹果公司软件系统的顾客就很少更换成 Windows 系统一样，反之也是。为此，企业也可以考虑采取早期完善周边补充产品的战略。

利基企业发展的方法

1.采取利基战略的企业的发展

利基战略由于是在受限的市场中重视利润的战略，因此企业为了发展，不能采取仅扩大销量的做法。而在集中战略[①]中，会特意限制产品的销量，但是一旦控制了对象的部分环节后，就忘记自己公司的成功理由，不由得要去扩大销量，拓宽竞争范围，最终变成"陷入中间"（Stuck-in-the-Middle）的尴尬境地[②]。为此，采取利基战略的企业要想获得发展，需要考虑两种手段，一是多重利基战略，二是向挑战者企业转换。

2.多重利基战略

多重利基战略就是指"拥有避免竞争的多个分栖市场，

---

① 　与利基战略同义。

② 　通过追求多个战略导致业绩徘徊在中等以下。

瞄准销售总额、市场份额、利润、名声的方法"。美国的3M公司，日本的小林制药、日东电工、可乐丽、耐贝医药（Nobelpharma）等公司采取的都是该战略，即拥有多个可以发展为"小池中的大鱼"的业务，以此来扩大企业的规模。

● 美国 3M 公司

美国 3M 公司创立于 1902 年，2020 年其销售额达到 322 亿美元，是一家总利润率为 22.3% 的高收益企业。其经营范围包括安全及工业产品、交通运输与电子产品、医疗产品、消费品四大领域，拥有超过 40 个核心技术的平台。该公司通过其技术的相乘效果，开发创新出其他公司无法效仿的产品。该公司认为与其创造出顾客需要的商品，不如自己主动研发开创出新产品，这样才能取得成功。

美国 3M 公司在不同的国家按照各国的经济发展状况，逐步扩大事业经营范围，而不是一下子开展出多种事业（见表 2-5）。与其说是一举进行巨额投资，倒不如说是在逐步少量投资，看到进展顺利再继续投资。该公司就是这样实践"被抑制的发展"的。

美国 3M 公司被称为瞄准"小池中的大鱼"的企业，但是公司内部一开始并非是瞄准利基市场开展事业的。该公司在竞争中获胜的逻辑就是不认为在"大海"里和大型企业竞争是有益的，而是瞄准必然能够获胜的"小池（小市场）"。

美国 3M 公司明确规定了自家公司不从事的事业，例如在健康保健领域，就坚守"不做放入人体内的东西"的方针。

表 2-5　美国 3M 公司的代表产品

年份	代表产品
1921 年	耐水研磨材料防水砂纸（wet or dry）
1925 年	贴膜（遮蔽膜）
1930 年	"思高"（Scotch）牌透明胶带
1939 年	反光膜
1945 年	电绝缘用塑料条带
1947 年	"思高"牌录音磁带
1956 年	"思高洁"（Scotchgard）牌纤维保护剂
1979 年	"新雪丽"（Thinsulate）牌吸音隔热材料
1980 年	报事贴（post it）便签
1980 年	"Scotchcast"牌塑胶石膏
1992 年	反光膜
1996 年	车用树脂面拉锁"蘑菇搭扣"（Dual lock）
1998 年	"Scotchcal"牌零气泡保护膜
2001 年	"Tryzatect"牌光纤维连接用研磨纸
2003 年	光纤维施工用体系"空间光"（Fiberlock）
2009 年	"视高明"（Scotchtint）牌隔断膜
2010 年	"视觉高"（Scotchcal）牌涂料膜
2011 年	医疗用硅脂胶带

续表

年份	代表产品
2013 年	"ESPE" 牌齿冠系列
2013 年	"SecureFit" 牌护目镜
2014 年	贴膜式的报事贴
2014 年	"菲尔萃"（Filtrete）牌空气净化器、过滤机
2015 年	"Akerun" 牌智能锁
2016 年	建筑物可拆卸薄膜
2017 年	"Scotchcalfilm" 牌不锈钢专用膜
2018 年	抑制桥梁道路沙土膜、混凝土型边缘接缝处防水膜
2019 年	防锈胶带
2019 年	"Rapfilm" 牌汽车包装用膜
2020 年	药片型氯气除菌剂

资料来源：3M 日本分公司官网。

● 小林制药公司

小林制药公司主要经营眼科用药、足癣药等大众药品以及日化产品，销售额主要集中在芳香除臭剂等日用杂货领域。1886年小林制药公司作为一家杂货和化妆品店成立，1894年开始销售自制的药品。1940年公司将制药部门分离出去，建立了小林制药公司。1969年以发售厕所用水洗芳香消臭剂为契机，开始进军日用杂货领域。1975年发售了厕所用芳香消臭剂"香居源"。1996年发售了假牙清洗剂"泰护净"、洗眼药"眼宜保"。

后来又陆续发售了清新香口珠"爽息"（1997 年）、皮肤消毒剂"创护宁"（2011 年）、鼻呼吸贴"安睡"（2017 年）等。

小林制药公司积极从其他公司获取产品的销售权，2003 年从日立造船公司获得杜仲茶的销售权，开始进军保健食品领域。2005 年获得了笹冈药品公司的"命之母 A"的独家销售权。2008 年从石原药品公司获得了"bisrat gold"的商标权。2014 年从大鹏制药公司获得了"安黛抹肌"化妆品。2017 年从扶桑药品公司获得了"诺特露舌下含服片"的销售权。

2017 年小林制药公司的产品"消臭元"作为液体类芳香除臭剂，其销售额获得同类商品世界第一，打破了吉尼斯世界纪录，这是继 2014 年的"香居源"产品位居世界销售额第一之后第二次打破纪录。

小林制药公司开发产品的主旨是"把'有这个真好'的想法变为有形的商品"，每年大约投入市场 30 种新产品（见表 2-6）。目标市场基于"小池中的大鱼"的想法，专门开拓利基市场。另外，位居日本国内市场份额第一的品牌数量在所有品牌中上升到了 43 种，可以说是顶尖的利基企业（见表 2-7）。

表 2-6　小林制药公司的事业领域和产品样例

事业领域	产品及效果
药品	治疗眼睛、肩膀酸痛、足癣、嗓子、肚子、感冒、花粉等方面的疾病

续表

事业领域	产品及效果
其他健康食品、营养补充剂	饮料、特保食品、营养补充剂、功能性食品
口腔护理	牙刷、牙线等齿间清洁用具、假牙用品
芳香、消臭、脱臭	厕所用、房间用、车用、冰箱用、鞋柜用
清洁扫除	厨房用、厕所用、浴室用
肌肤护理	粉刺、斑点、足部护理、伤口、痒、湿疹
日用杂货	去污、冷热贴、眼镜布、口罩
女性烦恼	月经、更年期综合征

资料来源：小林制药公司官网。

表 2-7　小林制药占据市场首位的产品样例

产品名	市场份额（％）
洗眼药（"眼宜保"）	67
水洗厕所用芳香洗净剂（"香居源"）	75
退热贴	58
芳香除臭剂（"消臭元"）	33
女性保养药（"命之母"）	58

资料来源：小林制药公司 2016 年 12 月年度报告。

　　由于是利基市场，因此竞争对手少，难以形成价格竞争，但是因为开拓市场的成本必须由一家公司承担，所以会花费很多广告宣传费。但是，小林制药公司认为"如果不做广告，就算是销售额为 1 亿日元的产品也有利润可赚"。

● 日本可乐丽公司

1926 年，可乐丽公司成立于日本仓敷市，是一家人造丝老字号企业，1949 年改名为仓敷 Rayons，1970 年改名为可乐丽。现在可乐丽公司是日本化学业界的大型企业之一。20 世纪 50 年代，可乐丽公司在世界上首次开发出了合成纤维"维尼纶"（vinylon），20 世纪 60 年代开发出了人工皮革"克拉里诺"（clarino）。即便是在现在克拉里诺也在世界人工皮革中首屈一指。

可乐丽公司通过自我开发和企业并购，让许多商品在世界市场份额中占据首位，例如，耐热性聚酰胺树脂（GENESTAR™）及维尼纶占 100%，光学用聚乙烯醇树脂（PVA）占 80%，最高水平的塑料、EVOH 树脂、薄膜（EVAL™）占 60%，水溶性聚乙烯醇树脂占 40% 等。即便在日本国内，可乐丽公司的商品也占据市场份额的首位，例如已经成为名词的魔术贴产品占 60%，牙科黏合剂占 35%，人工皮革占 30% 等。如上所述，可乐丽公司虽然是大型企业，但是仍然有意识地推进多重利基战略。

可乐丽公司的董事长认为："作为化学企业，要在世界具有存在感至少要达到销售额 10000 亿日元的规模。"他一边维持多重利基战略，一边朝着规模化经营这一难题发起挑战。

● 耐贝医药公司

1870 年成立于英国，之后成为综合化学厂家英国帝国化学工业公司（ICI）的一个部门，这就是耐贝医药公司的前身。耐贝医药公司 2002 年被日本的稻畑产业收购，转型为开发型风险企业。

耐贝医药公司以疑难杂症药品、适应性外用药品、小儿用药品等尚未满足的医疗需求（即虽然有强大需求但是由于迄今没有有效的治疗方法，相关药品的开发落后的医疗需求）产品为中心，进行开发、生产和销售。

耐贝医药公司的使命是"通过提供有需求，但是无法顾及的药品为医疗做贡献"，宣称其原则是"不以扩大规模为目的"，也不打算上市。该公司的经营方式和一般的制药公司以及生物技术风险企业明显不同。该公司成立当初，大型制药公司对稀有疾病的治疗药都采取了消极的态度。耐贝医药公司采取的经营方式主要有三点。

第一，和生物技术风险企业不同，耐贝医药公司并非以公司自创的新技术和新材料为起源开发药品，而是根据未被满足的医疗需求来开发药品。因此，该公司不确立特定的开发领域，而是致力于开发有医疗需求的药品。如果有医疗需求，那么药品应该就能尽快获得政府批准。并且该公司的药品大多针对疑难杂症，由于医疗需求强，虽然医药代表（MR）没有大型企业人数那么多，但是来咨询的人大多都是由医生指定的。

第二，耐贝医药公司在研究开发中不进行基础研究，专业做商品开发。如果公司负担研究经费，就需要花费一定的研究设备、人员、研究经费，因此公司主要和大学等学术界合作，或者引进其他公司的技术。

第三，耐贝医药公司彻底压缩固定费用。该公司尽量不负担包括公司大厦类的固定资产，而是通过临床实验将劳务变动大的业务委托给医药研发合同外包服务机构（CRO），将生产也委托给外部。耐贝医药公司不仅销售产品，也在不断推进药品的许可申请获批等业务。公司职员尽量压缩人数（200 名左右），开发计划以及注册申请业务也会委托给别人做。于是盈亏平衡点[①]变低，即便销售量很少，该公司也能够获得一定的利润。

大型企业无论是否具备技术，由于其盈亏平衡点高，因此都无法进入耐贝医药公司的市场领域。拥有数量众多员工的大型制药公司，如果销售额达不到某种程度的规模就无法赢利。为此，一年销售额在数亿或者数十亿日元左右的药品，即便有市场需求，大型企业也无法着手经营。

之后，耐贝医药公司扩大了补锌药的患者对象范围，并

---

① 全部销售收入等于全部成本时的产量。——编者注

得到了日本政府的认可，2018 年 12 月决算期中，耐贝医药公司的销售额超过了 100 亿日元，2019 年超过了 130 亿日元。特别是耐贝医药公司扩大了现有药品的适用病症范围，并步入了正轨。到 2020 年为止，耐贝医药公司计划获得新增 7 种药品的认定（含适用范围扩大），2021 年 12 月决算期该公司销售额达到 207 亿日元。

耐贝医药公司致力于开发疑难杂症的治疗药，但是最近由于日本政府新出台的政策，大型企业也开始开发疑难杂症的治疗药。因此，耐贝医药公司也面临战略的转换，需要将经营范围扩大到疑难杂症以外的领域，发掘出新的需求，不断推进向高难度制药手法的切换。为此，该公司当下紧要的课题是不断增加研究开发费用的补助。

3. 向挑战者身份转换

向挑战者身份转变是在企业通过利基战略积累了利润之后，以此经营资源为基础转移到差异化战略（也叫作"特色优势战略"），同领导者企业进行竞争的战略。在和领导者企业竞争这个含义上，这种战略不属于本书考虑范围。

在过去的企业案例中，从摩托车转换到多元化汽车生产的本田汽车公司，当初和丰田汽车公司、日产汽车公司采取了迥然不同的车型设计［如当初的思域（CIVIC）、雅阁（ACCORD）］的利基战略。但是随着不断提高的销售业绩及车型和销售渠道的扩充，现在本田汽车公司成为汽车领域的挑战者企业。

星巴克公司在 1996 年进军日本市场时，相对于罗多伦^①（Doutor）公司来说不过是一家利基企业。在当时的日本，男性的吸烟率高达 53%，但是星巴克公司贯彻店内全面禁烟的原则，仅因为这一点就丢了日本男性的大约一半市场。并且星巴克公司专注于开发比当时的罗多伦公司咖啡贵 100 日元的精品咖啡领域，采取了相应的利基战略。由于星巴克公司的飞速发展，精品咖啡市场急速扩大，最终星巴克公司的店铺数量超过了罗多伦公司。

综上所述，利基企业有可能转变为挑战和威胁领导者企业的挑战者企业，但是在其发展过程中，由于资源分散也有很多企业跌落 V 字形曲线的底端，从此败落并一蹶不振。例如当初时尚名牌热潮退却之后，在日用品等多个领域中过于开发品牌效应，最终降低了其品牌价值就是典型的例子。某个有名的欧洲品牌，当初是从高价的服装行业起航的，但是为了扩大销量，该品牌将市场扩张到平时穿的普通拖鞋产品，导致降低了其服装的价值。

----

① 日本咖啡品牌。——编者注

从利基战略企业实例中得到的启示

一直以来，只在条目中列举出来的利基战略在本章中从质和量两个方面得以具体阐述。过去人们一直认为"质方面的经营资源优秀的企业是利基企业"，但是通过从量上控制市场规模，也可以使利基战略得以实施。本章展示了 10 种利基战略，如果环境发生变化，也有可能产生除此之外的利基战略。质和量这两个核心，可当作基准加以利用。

利基战略并非局限在小范围内停止不发生变化，就像在技术利基中阐述的那样，停止下来的话不知何时就会陷入被侵蚀的宿命，所以企业必须不断磨炼技术和积累资源，企业案例中列举的马尼公司和根本特殊化学公司就是以此为标榜的。但是，磨炼技术和积累资源的矢量，并不是扩张技术和资源的领域，其理想的方向是对技术和资源进行深度挖掘。

在商业无国界的今天，对利基企业发起攻击的领导者企业也必须从全球化的角度来思考问题。例如，在制药、信用卡等领域，企业即便在日本国内处于领导者企业的位置，在全球市场中也不得不采取利基战略。因此，武田药品工业公司、日本信用卡公司等日本国内的领导者企业会抢先一步研究利基战略，这在全球化不断深入发展的今天也具有一定的意义。

第三章

反同质化战略——引发领导者企业内部
资源矛盾

因资源不平均而导致领导者企业内部产生矛盾

同质化战略与内部矛盾

正如第一章所述，领导者企业的战略有四种：扩大周边市场需求；同质化战略；不打价格战；维持最优的市场份额。前文中也提到，面对实力不够雄厚、经营资源较少的中小企业的威胁，对领导者企业来说最有效的方法是采取同质化战略。反之，中小企业的经营资源不如领导者企业雄厚这一客观因素确实存在，中小企业需要采取反同质化战略。

那么，怎样才能让领导者企业难以进行同质化呢？我们需要先站在领导者企业的角度上思考关于同质化的四种情况。见表3-1，从领导者企业同质化的能力（can）和意愿（will）这两方面思考会产生四种情况。其中，领导者企业有同质化意愿却没有能力（will&can't）、有同质化能力却没有意愿（can&won't）这两种情况中，可以表明领导者企业内部产生了矛盾（左右为难的困境）。

表 3-1 领导者企业同质化的四种情况

同质化	有意愿（will）	没有意愿（won't）
有能力（can）	进行同质化	产生内部矛盾
没有能力（can't）	产生内部矛盾	不采取任何措施

资料来源：山田英夫（2020）著，《逆转的竞争战略 第 5 版》，生产性出版社。

这里所说的矛盾是指"两种要素因为某些原因相互之间不能协调"，这种不协调的内部矛盾的产生也是中小企业避免与领导者企业直接竞争的关键。

领导者企业难以采取同质化战略的原因

本节将进一步解释领导者企业产生内部矛盾的原因。其答案是"拥有雄厚的经营资源"这一优势反而束缚了领导者企业，使其难以进行同质化战略。在以往的研究中有如下观点：

具备大量累积资产的领导者企业，由于害怕失去而往往采取保守的经营策略。

如果竞争规则发生变化，领导者企业常年积累的资产就会从得天独厚的优势变为灾难。

最大的资产往往会变成最大的负债。

当领导者企业生产的商品与市场现存商品的相似度高时，会因为自身蚕食效应推迟进行同质化战略。

企业的经营资产可以分为两种，一种是积累在企业端的企业资产，另一种是存储在客户端的市场资产（如客户基础，已售商品、零部件、消耗品、软件，企业印象等）。因为具备了这两大资产而产生的优越性反而限制了领导者企业的发展，2020 年我将该现象称为"资产的负债化"。

将领导者企业产生内部矛盾的原因与负债化的经营资产（企业资产、市场资产）组合起来，我们就能清晰地看到领导者企业无法进行同质化的四种情况（见图 3-1）。在此我想强调，图 3-1 显示的是领导者企业无法模仿追随的理由，而非中小企业应采取的战略。因此，保持图 3-1 的结构不变，以此为基础思考中小企业应采取的反同质化战略，即将横纵轴的主语从领导者企业改为中小企业，将领导者企业难以采取同质化战略的原因转为中小企业应该采取的措施。

图 3-1 纵轴上方的"没有能力"代表领导者企业有同质化意愿，但是需要进行资产的重新组合，而这部分资产不能够立刻同质化。要求被重组的资产越是在竞争中发挥重要的作用，领导者企业内部的矛盾就越大。因此，从中小企业的角度来看，纵轴上方可以改为"进攻领导者企业的竞争优势源头"。图 3-1 纵轴下方的"没有意愿"是指领导者企业

有同质化能力，但没有同质化意愿。即领导者企业为了进行同质化而采取的一系列措施不符合企业自身的定位或发展战略，进而产生内部矛盾。也就是说，中小企业可以通过增加至今为止尚未出现的竞争优势，使领导者企业在采取同质化战略时产生内部矛盾，即将纵轴下方改为"增加新的竞争优势"。

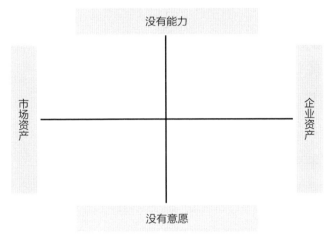

图 3-1 领导者企业无法模仿追随的理由

资料来源：山田英夫（2020）著，《逆转的竞争战略 第 5 版》，生产性出版社。

这样我们就可以得到图 3-2。图 3-2 的四个象限分别对应了中小企业的四种反同质化战略：企业资产的负债化；市场资产的负债化；理论的自相矛盾；事业的自身蚕食化。下面我将按照此顺序进一步介绍分析。

图 3-2　中小企业四种反同质化策略

资料来源：山田英夫（2020）著，《逆转的竞争战略 第 5 版》，生产性出版社。

反同质化战略的四种类型与企业案例

企业资产的负债化

企业资产的负债化，是指通过采取该战略让领导者企业难以重组的企业资源（人力资源、物质资源、经济资源、信息资源）以及企业集团拥有的资源（分公司、代理店、销售人员等）在竞争中变得不再具有优势，从而使领导者企业无法进行同质化战略。

● 日本生命网人寿保险公司

日本生命网人寿保险公司创立于 2006 年，是一家互联网专业保险公司。以前由于消费者购买保险的需求少，需要保险销售人员去推广、宣传购买保险的必要性，并解释复杂的保险条约，因此日本过去的人寿保险的销售方式主要是通过销售人员进行宣传和推广。

近年来，随着"保险＋互联网"的经营模式兴起，诞生了互联网保险公司。日本生命网人寿保险公司作为其中一员，与传统人寿保险公司相比具有三大优势。

第一，日本生命网人寿保险公司通过互联网销售，无须聘用销售人员，减少了人工成本，也相应地降低了参保价格。

第二，日本生命网人寿保险公司以简单易懂为特色，删除了保险的特约条款。对消费者来说，保险的特约条款尤其晦涩难懂，但对保险公司来说，特约条款是公司收益的保障。而该公司删除了保险的特约条款，使保险条款更加简单易懂。此外，该公司主要提供保费相对较低、年轻投保人也容易理解的定期寿险和失业保险（这里主要指由于生病或者受伤需要住院和疗养，长期不能工作的场合下，每个月能够获得一定金额补助的保险）等品种（领导者企业主要提供保费较高的附加定期保险的终身寿险）。

第三，日本生命网人寿保险公司公开了人寿保险手续费中"附加保费"与成本价"纯保费"的比例。以往，由于保险公司需要给大量的销售人员支付人工费用，销售体系成本高昂，公开成本价是保险公司的一个禁忌。

那么，为什么日本生命网人寿保险公司采取以上战略，以人工销售为核心的日本生命保险公司等传统的保险行业领导者企业就无法对它采取同质化战略呢？其原因也有三个。

一是如果将人工销售改为互联网宣传销售，迄今为止作为企业资产的大量人力资源将无用武之处。因此，传统保险公司很难牺牲大量销售人员而采取互联网宣传销售这种做法。二是传统保险公司不能眼睁睁地看着自己的收益保障，即特约条款被废除。并且保险商品越复杂，销售人员也越有用武之处。三是如果公开收费细则，传统保险公司就会暴露自己人工成本高的劣势。因此，传统保险公司不会对此实行同质化战略。

日本生命网人寿保险公司正是通过以上策略，让领导者企业难以进行同质化战略，奠定了其在"互联网+保险"行业的地位基础。

但是，"互联网+保险"也并非总是一帆风顺。其中一个重要的原因是，在人一生的花费之中，寿险是仅次于购买住房的昂贵商品，只在虚拟的互联网上销售会困难重重。实际上，即使在 2015 年，互联网保险公司所占的市场规模也不到所有保险公司的 1%。还有一个原因是，大量类似的互联网保险公司相继诞生，竞争非常激烈。

因此，日本生命网人寿保险公司于 2014 年与日本最大保险公司"保险之窗"签约代理店经营，开始尝试人工销售方式。并于 2015 年，与 KDDI 公司进行资本与业务合作，在提高公司公信力的同时积极吸纳活跃用户，于 2016 年推出"面向活跃用户的人寿保险"险种。此外，2020 年与 7andi（Seven&I）集团合作，推出"7·金融服务人寿保险"；2021 年与 Money Forward 公司合作，推出"Money Forward 人寿保险"。

综上所述，日本生命网人寿保险公司借用商业合作伙伴的品牌影响力与顾客群体，采取类似厂商定点生产（OEM）的形式，扩充了保险销售的渠道。

2021 年 5 月，日本生命网人寿保险公司与初创企业 MILIZE 公司合资，共同成立了线上代理店生命网未来公司，同时销售其他保险公司的产品。线下合资成立的保险销售代理店之间的竞争已进入白热化阶段，但在线上合资成立的保险销售代理店方面，日本生命网人寿保险公司已经走在了前面。

● 苹果音乐播放器

日本的数字音乐播放器市场中，索尼公司和苹果公司两大巨头展开了激烈的竞争。虽然在市场份额上索尼公司目前位居首位，但在统计数据上苹果手机（iPhone）划分为了智能手机而非数字音乐播放器，因此，如果算上用 iPhone 听音乐的人，苹果公司可能已经反超了索尼公司。

大家可能以为是苹果音乐播放器（iPod）创造了数字音乐播放器的雏形，但其实是索尼公司首创的。索尼公司于 1999 年推出了便携式记忆棒随身听，它可以将压缩后的音乐数据记录在其中。但是该随身听不支持语音压缩格式中最常用的 MP3 格式，只支持 ATRAC 这种索尼公司自主开发的压缩格式。而 MP3 相比 ATRAC 更容易复制，因此更受人们欢迎。

ATRAC 采用与微型磁盘（MD）相同的压缩方式，此方式不能二次复制，可以严格保护著作权。索尼公司旗下拥有唱片公司，因此试图通过避免非法复制来防止 CD 销量下降。但 2001 年苹果推出 iPod 后，情况发生了变化。iPod 凭借其设计和操作的便利性，以及苹果音乐网站"iTunes"的便捷性迅速占领了市场。

但是，在人们看不到的地方还隐藏着一个竞争的关键。苹果公司在 iTunes 网页上不仅提供了自己的标准压缩方式——AAC 方式，还支持已经普及了的 MP3 方式。在 iPod 出现之前，"Rio""iRiver"等 MP3 格式的播放器已经出现，由于与这些播放器的资源互相兼容，iPod 也满足了这些用户的换机需求。

以前的播放器能听的音源，iPod 也能直接听（如果资源格式不能兼容，就必须从网络和 CD 中重新输入音源）。

苹果公司的产品之所以也能支持 MP3 格式，原因之一是苹果公司旗下没有唱片公司。而索尼公司于 2004 年才兼容了 MP3 格式，如果一开始就兼容 MP3 格式，或许现在的数字音乐播放器市场就完全是另一番景象了。

● 日本科斯莫石油公司

自 2010 年起，日本科斯莫石油公司就启动了在加油站可以租赁汽车的智能汽车事业。主要的目标客户群是居住在非首都圈的、有第二辆车需求的家庭，家庭的第二辆车的司机以女性和老年人为主。女性和老年人一般在购买汽车的时候不擅长在经销店与销售人员交涉价格，并且不熟悉汽车的内部结构。对于该消费群体，日本科斯莫石油公司创立了在附近加油站就可以租赁到中意的汽车的业务模式，在加油站还可以完成车辆的维护。

日本科斯莫石油公司的汽车租赁业务中，顾客可以从所有汽车厂家的各种车型中挑选自己喜欢的车型。如果日本科斯莫石油公司只和特定的厂家联手，在获得支持的同时也树立了敌人。因此，日本科斯莫石油公司选择和所有的汽车厂家联合起来，加上从当地的特约经销商那里进货，对于特约经销商来说相当于增加了一条新的销售渠道，构成了双赢的关系。

　　日本的加油站行业，就如第一章开头介绍的那样，被三家企业垄断。第一位是新日本石油公司、第二位是出光兴产公司，除此之外就是与前两位差距很大的日本科斯莫石油公司。他们之间市场份额的差别在加油站选址上就可以体现出来，首位的新日本石油公司一般沿着国道建设加油站，而日本科斯莫石油公司则多将加油站建在人们日常生活的道路附近。为此，日本科斯莫石油公司的石油销量较少，一直以来都在强化洗车、机油更换、车检等加油之外的服务。通过对销售人员进行培训以及投资车检工厂等手段，日本科斯莫石油公司加油站的从业人员中有很多都具备了机械师资格。

　　日本科斯莫石油公司并不将排在行业第三位的位置看作不利因素，反而利用这一点创造出了日本科斯莫石油公司独有的业务模式。日本科斯莫石油公司的汽车租赁业务自启动至今的 6 年时间里，租赁业绩增长到一年可租赁 60000 辆汽车，作为领导者企业的新日本石油公司没有采取同质化战略追随效仿该租赁业务。

　　对于新日本石油公司来说，由于看中的是规模经济的效益，因此提高石油销量才能获得利润。如果从事汽车租赁业务，需要配置人员进行咨询，这会花费人力时间和成本，从而在石油销售中产生机会损失成本，因此新日本石油公司决定不追随效仿。新日本石油公司正因为占据市场份额的首位，所以无法同质化一些花费成本又费事的商业模式。

● 瑞可利网上培训课程

日本瑞可利集团一直以来试图解决大学入学考试中所存在的经济和地域差别问题。在大城市居住的很多学生在放学后可以去上补习班，家长也有余钱给孩子买练习册以巩固知识。但是，在非首都圈的小城市居住的经济条件较差的学生，自家附近没有补习班，为了模拟考试需要花费很多交通费。为了解决这样的社会问题，瑞可利集团考虑邀请一流的补习班讲师，通过互联网进行网上授课。刚开始将每月的上课费用设定为5000 日元，但是学生数量没有集团期待的那么多，于是之后将每月的上课费用降到 980 日元，并且可以听任何一个科目的课程。980 日元这个价格并非随意定的，而是参考了智能手机的游戏价格。于是名为"学习补给"（Study Sapuri）的网上在线课程作为一种解决经济能力和地域差别的学习手段诞生了，并瞬间得到普及，3 年内就获得了 25 万听课人数。

当初瑞可利集团以为"学习补给"会被高中教师反对，因为侵犯了他们的职业领域。但是因为"学习补给"可以根据学生的学习水平进行授课，这个设计受到了高中教师的好评，学校也开始使用"学习补给"组织学生听网课。也就是说，用"学习补给"，那些跟不上课程的孩子可以从基础的课程学起，而那些觉得上课过于简单的孩子也可以提前预习。

初中、高中与瑞可利集团签约"学习补给"网课后，给学生们带来了很多好处。例如，对于没有掌握高中数学中某个单元的知识的学生来说，就可以预测到该学生在该单元的相关知识点上会遇到困难。于是学生可以通过使用"学习补给"补习完高中数学的相应知识点后再进入后续知识点的学习，就像这样按照学生的不同情况进行分水平对应。

在数字化的潮流中，补习学校必须对此有所应对。但是像河合塾、骏台预备学校等大型补习机构，在大城市配备有多处教学点，也配备了多名知名讲师，因此舍弃这些教学点转换为在线教学非常困难。并且那些大型补习机构租借了多个会场举行模拟考试，这样能够聚集到大多数考生，可以提高考生的应试能力并给考生提供真实的考试环境，因此无法中断而转为在线教学。

大型补习机构即便进军和"学习补给"相似的在线教育领域，考虑到和现有教学点的讲课费之间的平衡，可以说实施像瑞可利集团那样便宜的定价也难以维持经营。

● 日本沃克曼公司

日本沃克曼（WORKMAN）公司是一家向专业施工人员销售工作服、手套等的零售连锁店。目标是为专业施工人员提供必要的具备防风、防水、防寒等功能的优良商品。沃克曼公司即使不进行商品的更新换代，商品最短也会持续销售数年，所以可以通过大量进货降低商品的成本。

沃克曼公司只有在商品型号停产，或者商品型号不全时才会降价销售，因此确保了高收益率。该公司商品的功能强大，不仅受到专业施工人员的好评，也受到一般消费者的好评，因此一般消费者也会将沃克曼公司的商品作为户外服装来选购。为了对应该需求，沃克曼公司将业务经营范围从"工作服"转换为"功能性穿戴"。

为此，沃克曼公司为了吸引专业顾客和一般消费者两种群体，设立了"日本沃克曼公司普乐士"店铺。在这里以低廉的价格为消费者提供功能性穿戴，不仅专业施工人员的顾客数量增加了，以前对沃克曼公司的商品从不感兴趣的女性顾客的数量也急速增长，并且扩大到了一般家庭层面。

一般的时尚户外服装企业，都是在季节前投入新商品，过时的商品通过降价销售的方式消耗库存，通过新商品刺激市场和流通。在流行趋势瞬息万变的时尚领域，沃克曼公司的商品能兼顾功能和价格两个方面，加上宣传其不更新换代商品的价值，具备大型时尚企业无法追随效仿的优势。一旦品牌被人们知晓并认可，推出高附加价值的商品并提高单价是服装行业一贯的做法和常识，但是沃克曼公司认为"自家公司的精髓是低价格，不会推出附加价值高的商品"，和以往的服装企业划清了界线。

● 日本 TRUSCO 中山公司

日本 TRUSCO 中山公司创建于 1959 年，是一家提供工厂和作业场地中使用的备件、消耗品等的间接材料批发商。公司从厂家采购专业人士使用的工具，再销售给机械工具商、网络销售企业、大规模的日常生活装修用品销售店等。公司经营的商品有各式各样的切削工具、生产加工用品、施工作业用品、手持工具（手摇钻等）等，库存种类达到 44 万种以上。在日本，间接材料销售领域中没有全国性规模的企业，而日本 TRUSCO 中山公司被称为该业界的后起之秀。

以往销售间接材料的是当地的机械工具商，他们成功的关键是频繁拜访顾客，给顾客提供细致、周到的服务。但是由于企业规模小，库存数量有限，当地的机械工具商主要以销售使用频率较高的国有品牌的商品为主，没有库存，接到订单后再从批发商那里进货。销售形式主要是上门服务，因此被看作一种地域不定的分散型业务。

另外，其他公司一般都会购买一些大宗高额商品作为备货，但是，日本 TRUSCO 中山公司却准备一些谁也不想涉及的小型廉价、小批量的商品作为库存。将有"中山特色"的商品目录卖给间接材料的销售厂商，目录中刊载了 36 万种商品的编号。"中山特色"目录一套共 10 本，售价 16000 日元。近年来，其他公司也可以通过日本 TRUSCO 中山公司的网站来订货，通过该网站订货的比例超过了整体的 80%。

日本 TRUSCO 中山公司的特征就是库存齐全，其绩效考核不是像其他批发商那样看中的是库存周转率，而是库存命中率。库存命中率就是在所有订单中从库存中可以交货的比例，现在的平均库存命中率是 90%。该公司认为"即刻交货"是最好的服务。

日本 TRUSCO 中山公司尽全力备货，凭借"如果是日本 TRUSCO 中山公司的话就会有库存""如果是日本 TRUSCO 中山公司的话马上就能交货"的口碑，获得了顾客的信任。这也使公司成长为全国规模的公司。

一般企业会认为有库存是不好的，这是供给方的理论，但对于顾客来说"库存还是多一些比较安心"。日本 TRUSCO 中山公司的商业模式违反了业界常识，可以说是从顾客的角度出发的模式。和该公司竞争的其他竞争对手，一般都是通过和顾客面对面交易来经营业务的。加上这类公司一般都是小资本运营，不得不重视库存的周转率，因此会以畅销商品为中心作为库存备货，所以像日本 TRUSCO 中山公司那样采取长尾战略备货，这样做难以被同质化。

从 2020 年 1 月开始，日本 TRUSCO 中山公司开始启动被称为"MRO 产品仓库"的"工具配置箱"商务模式。和富山公司的"医药配置箱"一样，日本 TRUSCO 中山公司提前常备一些顾客工厂需要使用的工具以及消耗品。这样一来，日本TRUSCO 中山公司便实实在在地实现了即刻交货。在这种商务模式中，需要顾客提供的条件是：提供装置空间；使用终端和应用；顾客方面的运用。进而日本 TRUSCO 中山公司将顾客设备运转状况以及生产状况中的环境要素进行人工智能解析，目标是达到在顾客下单前就将货物送达顾客处的抢先交货的水平。该模式对于顾客来说，超越了"下单后收到货物""从常备品中选择货物"的阶段，实现了在需要之前已经具备的状态。

市场资产的负债化

市场资产的负债化是指一直以来购买领导者企业产品和服务的顾客以及领导者企业在顾客那里积累的难以替换的资产（销售出的产品、替换零部件、消耗品、软件、企业形象等）在竞争中失去了价值。该战略通过让领导者企业的市场资产负债化使其无法施行同质化战略。

● 日本青山花店

日本青山花店是在人群聚集的城市车站或者繁华街道、医院内卖花的小店铺。该花店的商业模式和一般街道上的鲜花销售业者（花店）具有很大的区别。

第一，该花店不采用 B2B 商务模式，而是采用 B2C 商务模式。街头的大部分花店，不仅采用 B2C 商务模式，也采用定期给婚葬庆贺祭祀活动的从业者或者酒店提供鲜花的 B2B 商务模式。因此在库存中要提前备好庆祝时用到的蝴蝶兰等高价鲜花，保证鲜花的种类繁多，还要将处于花蕾状态的鲜花储藏在店铺内的冰箱里，必须得在花蕾将要绽放的时候卖出去。与此相反，因为青山花店销售的是一般家庭中普遍使用的鲜花，所以进货后 2 ~ 3 天就能销售一空，店里不需要冰箱，店铺面积狭小也没关系，这样可以将固定成本费用控制得很低。

第二，由于青山花店的鲜花在 2 ~ 3 天就可以卖完，因此可以采购一些将要绽放的鲜花。处于花蕾状态的鲜花和将要绽放的鲜花相比，后者的进货价格更加便宜。因为是和生产者直接签约购买的，所以能够以便宜的价格采购新鲜度高的鲜花花束。正因为采用这样的成本结构，即便是比一般的鲜花销售业者的零售价便宜 20% ~ 30%，也能够支撑青山花店经营并发展下去。青山花店将单品中卖剩下的鲜花剪去茎干改造为花束进行再次销售，甚至将其做成干花，将鲜花废弃率降至 3%，远远低于业界平均的 10%。

青山花店不断地向前发展，现有的街头花店无法对其商业模式进行同质化。原因有 3 点。一是，那些街头花店和当地的婚葬庆贺祭祀活动从业者以及酒店之间签订了长期交易合同，这部分收入是基础，无法停止交易。婚葬庆贺祭祀活动对于花店来说净利润率高，他们难以舍弃去从事利润率低的专门面向个人的鲜花事业。二是，由于目标客户是非日常性购买鲜花的广泛客户群体，因此不得不储备多种类的鲜花（鲜花废弃率也高）。三是，由于在店铺中投资设置了冰箱等大量设备，当下不能将冰箱废弃不用。

出于以上理由，其他花店无法对日本青山花店的商务模式施加同质化战略。

● 宝岛社

宝岛社创立于 1971 年，当初是面向地方自治组织的咨询公司。1974 年从晶文社购买了月刊杂志《宝岛》的版权，进入了出版行业，1976 年以《宝岛》增刊的形式开拓了杂志市场。之后凭借畅销杂志《甜蜜》（sweet）、《光》（GLOW）等占据女性杂志发行量的首位。宝岛社女性杂志成功的原因被认为是附赠豪华的礼物，但实际上不可忽视的原因是宝岛社推翻并颠覆了出版行业中所谓的各种"常识"。

第一，宝岛社和其他出版社的不同之处在于明确了一点，即"增加市场占有率，并不是抢夺原有的热心读者，而是争取让那些从没有读过自己杂志的人购买"。一直以来，出版社都将现有读者，特别是忠实读者看作最重要的顾客，非常重视读者的呼声和反馈。但是，宝岛社意识到广告只会聚集到最畅销的杂志上，于是推出了"一号杂志"战略，目标是通过各种体裁类型将销量低迷的杂志做成一号杂志（最畅销杂志）。最畅销的杂志销量需要达到 100 万册，因为同一位读者不可能买两本相同的杂志，所以只有让那些没读过这本杂志的人也来购买才能实现目标。关于女性杂志附录中附赠的礼物，与其受到固定忠实读者的好评不如选择一些能够吸引新读者的商品。于是将相同的包一年内数次作为附赠的礼物，也是为了争取到新读者。大型出版社认为是常识的"最重视那些忠实读者"的想法，宝岛社并不认同。

第二，在出版行业，出版社的业务人员很少去书店更换并布置书架上的杂志，这些事情一般都由书店和出版社之间的图书和杂志经销商来做。但是，宝岛社的业务人员却直接走进书店，和书店的店员一起布置卖场。从现场经验中他们发现，杂志被摆在书架上后，顾客只能看见杂志封面上部的 12 厘米，于是将专刊的题目也写进了杂志的标题里。在出版界，一般都比较忌讳隐藏杂志的标识（logo），但是宝岛社考虑到逛书店的顾客的视线，坚决把杂志的标识放在了不太显眼的位置，并且书店中也设置了宝岛社专用的书架"店中店"（shop in shop）。

宝岛社以豪华的赠品出名，可以流通的东西都被定义为"图书"，宝岛社曾经就在书店中率先销售盒式磁带。宝岛社认为只要是没有保质期的东西，什么都可以卖。

如前所述，由于宝岛社从咨询公司起家，因此和其他出版社具有的特质不同。员工中半数以上来自不定期招聘，宝岛社追求将不同行业类型的商务经验有效利用在出版事业中。

● 索尼损失保险公司的远程信息处理保险

对于刚拿到驾照的年轻人来说，汽车保险的费用一直以来都比较高，而对于中年人设定的汽车保险费用比较低。这是因为保险公司认为年轻人出事故的概率比较高。但是，年轻人中也有驾驶技术熟练的司机，中年人中也有粗鲁驾驶的司机。人们认为仅依靠年龄决定保险费用是不公平的，且此类呼声越来越高。

于是，在美国诞生了一种叫作"远程信息处理保险"（telematics）的险种。远程信息处理是英语单词通信（telecommunication）和信息科学（informatics）的合成语，是将移动体和通信系统组合起来的信息保险。该保险对于驾驶技术熟练的人来说，因为事故率低所以会将保险费用设定得便宜一些，反过来对于驾驶技术不好的人来说因为事故率高所以会将保险费用设定得相对贵一些。

在日本最先正式着手从事远程信息处理保险的就是索尼损失保险公司。索尼损失保险公司于 1998 年秋成立，从成立当初就销售一些特有的风险细分型汽车保险。远程信息处理保险分为行驶距离连动型（pay as you drive）和运动行为连动型

（pay how you drive）两大类。前者相当于该公司销售的行驶距离部分保险（后述），索尼损失保险公司在2015年发售的保险是后一种保险。

该公司给签订合约的用户配置一种叫作"驱动计数器"（drive counter）的传感测量器，将连续180天以上装在用户的智能仪表盘等上面，用来测量驾驶员的驾驶习惯。紧急启动、紧急加速、紧急刹车多的情况下，"驱动计数器"中显示的分数就会降低。满分为100分，如果达不到60分，保险费用将不会退还给用户，但是达到60分以上则会根据分数情况相应退还保险费，并且在该公司的网页中输入相关的内容就可以完成退费手续。之后将"驱动计数器"返还给索尼损失保险公司并从那里得到驾驶评测结果报告和保险费用的通知。本保险的特约规定被命名为"平稳驾驶返现型"保险。

从消费者方面来考虑，由于驾驶技术较差导致比一般的保险费用高的人，就不会特意去购买该公司的保险。也就是说，该公司的保险只有"优良驾驶员"才会购买。购买保险的优良驾驶员越多，保险费用就会越低，事故率也会下降，该公司支付的保险金额就会越少。也就是说，投保者和索尼损失保险公司建立了双赢的关系。

那么，像东京海上日动公司等大型企业的损失保险为何难以正式进入远程信息处理保险业务的行列呢？

第一，优良驾驶员的数量比一般驾驶员少。领导者企业如果将该群体作为目标客户，市场规模就会过小。第二，从投保人征集成本方面来看，用传感器测量 180 天之后才能决定投保人是否有资格购买保险，这一点花费了太多成本，用原来的做法仅凭投保者的属性就能够决定他是否可以购买保险，这样能免去很多麻烦和减少成本。第三，在保险中大数定律[①]会发挥作用，即拥有更多的投保者，从保险费收入和保险金额的平衡来看更理想。东京海上日动公司在汽车保险领域属于日本顶级的大型企业，拥有数量众多的投保者，甚至可以说东京海上日动公司的汽车保险投保者是日本全体驾驶员的缩影。因此，该公司如果将投保者限定为优良驾驶人群，总体参数就会减少，保险费收入也会减少，因此难以同索尼损保公司那样对投保者进行筛选。

另外，索尼损失保险公司是后起家的企业，即便获得不了东京海上日动公司那样多的投保者人数也能够采取有效的利基战略。为此，将保险投保者集中在优良驾驶员人群的战略在企业经营上是可行的，也可以说是大型企业损失保险难以追随的战略。

[①] 概率论中讨论随机变量序列的算术平均值向常数收敛的定律，是概率论与数理统计学的基本定律之一。——编者注

2020 年，索尼损保公司用后继保险产品"优质驾驶"（good drive）代替了"平稳驾驶返现型"保险。"优质驾驶"是通过智能手机的应用程序来测量驾驶数据的，根据测量结果再决定保险费用的返现率，这和之前的产品一样。

"平稳驾驶返现"和"优质驾驶"这两种保险产品的区别在于设备不同。"优质驾驶"具有以下优点，即驾驶员在每次驾驶的时候都可以用智能手机确认自己的评分记录，这样可以让驾驶员持续心系安全驾驶。

在大型企业的损失保险中，也有企业开始从事设置了专用行车记录仪的远程信息处理保险，但是索尼损失保险公司的特长是仅通过小设备和下载专用应用程序的智能手机就能够进行测量。将设备插入汽车的附属接口后，在驾车过程中向智能手机发射蓝牙信号，接收信号后专用应用程序将自动进行测量。然后使用智能手机内置的加速感应器、陀螺感应器、全球定位系统（GPS）等来测量加速器、刹车、方向盘操作等。如果是在行驶中的汽车，智能手机无论放在哪里都可以测量。在其专用设备中配置了可以顺利联系索尼损失保险公司的紧急按钮。根据测量数据，将事故风险定量化，达到 90 分以上可以返还保险费 30% 的现金、80 分可返还 20%、70 分可返还10%、60 分可返还 5%，59 分及以下不返还现金。返现和驾驶者的年龄、等级无关，仅靠驾驶评分决定，因此在以往的汽车保险中所需保费较高的年轻人或者没有晋升等级的人也可以节约一笔保险费用。

"优质驾驶"作为索尼损失保险公司的汽车保险的特别条约，欢迎在安全驾驶中有自信的驾驶人群来投保。

● 非接触式智能卡"幸福卡"

用"西瓜卡"（suica）、"帕姆卡"（pasmo）等非接触式智能卡进行结算的方式"幸福卡"（Felica）是索尼公司开发的技术。Felica虽然仅用0.1秒就可以读取数据，并且具备可以认证、处理、写入、发送等优良技术，但是并没有得到国际标准化机构（ISO）的规格认证。而得到了国际标准化机构规格认证的却是飞利浦公司开发的 type A 和摩托罗拉公司开发的 type B（因为欧洲的公司在国际标准化机构决议中拥有多数投票权）。

根据促进贸易发展的《世界贸易组织／技术性贸易壁垒协定》（WTO ／ TBT 协定），得不到国际标准化机构规格认证的话，该项技术在各国和各地区的公共事业体系中就不会被采用，因此 Felica 只能成为基于日本国内基本标准的技术，在日本之外，只有中国香港的地铁在国际标准化机构规格认证决议之前采用了 Felica（日本旅客铁路公司决定使用 Felica 也是在国际标准化机构规格认证决议之前）。

索尼公司考虑到这样无法开展全球业务，于是想出了一个办法。与其单独使用非接触式智能卡，倒不如和无线互联技术结合起来增加其用途。于是，索尼公司将智能卡芯片和读卡器、写卡器之间的通信规格作为国际规格来申请并得到了国际标准化机构的认证，这便是近距离无线通信技术（NFC）。

因为近距离无线通信技术的出现，索尼公司竞争的舞台便从智能卡芯片上了一个台阶。也就是说，虽然不是占有大量市场份额的欧系产品，例如 typeA、typeB，但是能够无线传输的话，即便是在全球市场份额占有量中微不足道的 Felica 也登上了相同的竞争舞台。

理论的自相矛盾

所谓理论的自相矛盾是指通过实行迄今为止与领导者企业对顾客传播的理论相矛盾的战略，如果领导者企业轻易效仿追随的话会使其好不容易建立起来的企业形象受损，从而引起领导者企业内部矛盾的战略。

● 无反光镜的可换镜头式数码相机

长期以来照相机市场分为两大类，一类是单反相机市场，另一类是中心快门相机（通称：小型相机）市场。单反相机中佳能公司和尼康公司作为"二强"称霸市场，小型相机由多个相机厂商相互分割市场份额。

近几年，市场上诞生了一类新型相机，即无反相机（Mirrorless Cameras，通常也称为"单电""微单"等）。2008年此类相机在日本发售。无反相机是没有反光镜的相机。它将以往的单反相机上的反光镜去掉，零部件变少，可以使相机变得小型且轻量，也叫作微单相机。无反相机中光线进入CMOS图像传感器[1]，并将其作为画像反映在液晶和有机EL[2]的画面中，人们可以通过取景窗口看到被拍摄物体。在无反相机中自动聚焦感应器是其关键设备。

无反相机市场领域中投入最多力量的是索尼公司，但索尼公司过去并不是相机制造厂家。索尼公司在1981年推出了震惊世界的第一台数码相机"马维卡"（MAVICA），2006年从美能达（现名为"柯尼卡美能达"）继承了以"α mount"系列为中心的数码相机事业后，开始在相机市场崭露头角，正式展示出其影响力。

曾经美能达公司发售了世界首个全自动对焦照相机"α–7000"，甚至和佳能、尼康公司齐头并进，但是之后由于数码相机的竞争激化，美能达公司将相机事业出售给了索尼公司。索尼公司以"α mount"系列为中心，将本公司的相机事业聚焦

---

① 一种典型的固体成像传感器。——编者注
② 有机发光的电子板。——编者注

在无反相机上，2010 年开始发售无反相机。无反相机在构造上容易达到小型且轻量的标准，而这对于擅长此项技术的索尼公司来说是最好开发的产品。

但是，无反相机对于单反相机制造商来说，是单反相机的退化，即便是在性能方面也比以往的单反相机差很多。单反相机制造商一直以来都是靠"拍摄美丽和高清晰度的照片，只有单反相机能够做到"的宣传口号来吸引客户的，无反相机则被他们看作"低端的技术和产品"。例如尼康公司就曾质疑道："（无反相机）对于专业以及高级别的业余摄影爱好者来说，能否受他们欢迎并且被接受是个问题。"

但是，索尼公司认为相机事业中自己没有什么可失去的东西，于是集中精力开发无反相机。之后，无反相机的感应器和画面显示性能得到提高，接近甚至毫不逊色于单反相机。当时，入门级摄影者或者女性顾客一般都会购买无反相机，而不会购买真正的单反相机。不过在功能不断提升的今天，喜好机型轻便的老年人和摄影发烧友也会购买无反相机了。

2021 年，索尼公司发售了无反相机的旗舰型号"α1"，从型号中也能看出其想巩固无反相机霸主地位的高昂气势。α1 质量约 737 千克，和佳能公司的旗舰单反相机"EOS-1DX Mark III"（质量约 1.44 千克）、尼康的"D6"（质量约 1.45 千克）相比，其只有一半的质量。

在无反相机产品的兴盛繁荣中，佳能公司现在仅次于索尼公司，在无反相机市场份额中居第二位。另外，依靠单反相机获得全世界赞誉的尼康公司，在无反相机市场竞争中甘拜下风，步入后尘。

尼康公司2011年进入无反相机领域发展，2015年中止开发新产品，在产品阵容方面也没有得以充实。尼康公司认为"与其说是忌惮与单反相机市场之间相互蚕食，倒不如说是没有冷静地观察市场"，当然尼康公司也有潜在的自身产品相互蚕食的问题，即同公司的产品相互冲突和竞争，相互蚕食对方市场份额的现象。

在2020年上半年无反相机的市场份额中，索尼公司占首位，达到35%，第二位是占30%的佳能公司，尼康公司位于富士胶卷公司、奥林巴斯公司之后。

● Livesense公司

Livesense公司创建于2006年，是一家互联网公司，主要的领域为招聘、房地产、二手车。创业第5年便在东京证券交易所玛札兹市场上市。

从Livesense公司的事业类型来看，和业界最大的领导者企业瑞可利集团相似，但是两家公司的商务模式却完全不同。瑞可利集团提供的信息中，有招聘、住宅、二手车、结婚典礼会场等相关内容。瑞可利集团出版的大部分杂志都从当初的收费变为免费提供，或者将信息刊登在网页上，向投放广告的公司收取广告费用。

而 Livesense 公司在招聘方面，只提供兼职招聘信息和调换工作信息，该公司在网页上免费帮招聘的公司登载信息，招聘的公司只需在录用成功后支付报酬即可。这种形式对于招聘的公司来说，会认为"给不知是否有效果的广告付费会感到些许不安，而如果实际成交的话再支付手续费则是一种没有风险的开销"。对于那些能够成功就职的用户，Livesense 公司在其被录用后还会给出祝贺礼金。实际上通过该祝贺礼金体系，减少了录用公司不向 Livesense 公司报告成果或私下切换为直接录用的风险。

在房地产方面，Livesense 公司在网页上帮用户免费刊登广告，在正式咨询房屋的时候才向用户征收费用。另外，用户在决定入住的阶段还可以得到返现。

如上所述，两家公司的商务模式完全不同。相对于瑞可利集团收取刊登费的商务模式，Livesense 公司采用的是成功报酬型的商务模式。以瑞可利集团为代表的以往那些信息网站公司都属于信息刊登收费型，即便不能录用，或者即便没有咨询房地产相关房屋，仅刊登信息用户就需要支付费用。万一成果为零的话，这个费用也不退还。而 Livesense 公司的模式是没有成果的话收费为零，按照成果来收取使用费。Livesense

公司运用检索引擎优化（SEO）技术网站，有效发挥了聚集客户的能力，并且压低了营业成本，这部分使用费也变便宜了，因此公司方面可以低风险、低费用刊登广告。

现在，瑞可利集团并没有同质化 Livesense 公司的成功报酬型商业模式。理由是：第一，瑞可利集团迄今为止，一直对外声称"因为有成效而收取刊登费"，但是如果变成"有了成效之后再支付费用"，迄今为止的事业理论就崩塌了。第二，如果瑞可利集团对此进行同质化战略，它就失去了刊登费的收入，即便是有成功后的费用，其收入也是不稳定的，因此很有可能导致公司的营业收入降低。第三，由于瑞可利集团拥有数量众多的销售人员，比起 Livesense 公司，它很难以便宜的成本收集到信息。

但之后 Livesense 公司的多元化事业发展事与愿违，不动产信息网站和名牌服装的销售网站也没能推出有优势和特色的服务，花费了金钱但是并没有招揽来更多的顾客。于是 2017年，Livesense 公司彻底改革了决定公司命运的老本行——兼职信息网站。从求职者注册的需求职位和网页浏览记录中搜集信息进行分析并向用户推荐最适合的工作。

● 日本杜克拉斯公司

面向女性服装、杂货的邮购行业中，向顾客宣传用自己的商品会显得比实际年龄年轻，这是业界的一般常识，这也是为了激起消费者希望自己变得更年轻一点的需求。但是，打破该常识让销量得以增长的是日本杜克拉斯（DoCLASSE）公司。该公司创立于 2007 年，在创立的第二年销售额为 3 亿日元，现在已成为销售额超过 200 亿日元的公司了。

该公司迅速发展的原因是将顾客群体锁定在 40 ～ 50 岁的女性。其宣传概念是支援那些虽然熟龄但依旧活跃在各个领域，散发自己独特魅力的女性，宣传口号为"以实际年龄而自豪的生活方式"。不像其他邮购公司那样宣传"显年轻"，而是针对目标顾客群的实际烦恼提供相应的商品。例如，对于那些担心自己脖子皮肤松弛的顾客，即便是夏天公司也给她们准备了高领服装；对于那些因为患有更年期综合征而体温调节系统紊乱的顾客，公司开发出了一年四季都可以穿的短外套。于是，初次购买者的回购率超过了 60%，是大型邮购商家的 2 倍以上。

对于一直秉持"向消费者大力宣传穿着自己的服装会比实际年龄显年轻"这种业界常识进行市场竞争的大型邮购企业来说，无法同质化杜克拉斯公司这种符合实际年龄的宣传理念。并且杜克拉斯公司自创立以来，关于商品的退货换货，只要客户服务中心的员工认可，无论以何种理由、无论次数多少都可以接待办理。设置了这种"性本善"的退货制度，虽然有可能被一些狡猾的顾客恶意使用，但是实际上退货率和其他公司没有什么区别。这可能是因为在员工"不可以立即回答'不'"的原则下，真心为顾客服务以及目标顾客群体的年龄段为道德风险比较低的 40 岁以上有关吧。反过来，如果目标客户群的年龄跨度大，将年轻人作为顾客的大型邮购企业也追随这种做法的话，恐怕退货率会变得很高。

杜克拉斯公司将已经拥有的约 250 万名会员作为竞争力，从 2011 年开始建立实体店。这是为了满足那些通过商品目录选择商品的顾客想确认实物的需求。进而该公司将下一个目标定为通过开新店来获取新顾客，于是在东京都中心的新宿 ALTA 购物中心也开设了实体店。

杜克拉斯公司以购物商城和百货店为中心扩展店铺，现在在日本全国已经开设了 45 家店铺。自创立以来，杜克拉斯公司的销售额一直呈现上升趋势，2018 年 7 月的销售额达到 210 亿日元，相当于 2010 年的约 10 倍。

● GMP 国际公司

日本的婴儿车由康贝（Combi）和阿普丽佳（Aprica）两家公司独家垄断并且市场已经非常成熟。在日本，原先婴儿车以四轮为主流，并且设计上倾向于女孩子用红色，男孩子用黑色，缺少变化。

根据关于婴儿车的消费者调查，消费者注重的婴儿车的特点排在前三位的分别为：轻便（64%）；安全性（61%）；价格（60%），颜色设计位于第四位（47%）。

GMP 国际公司创立于 2002 年，主要领域是婴儿车市场。对于 GMP 国际公司来说，婴儿车是一种时尚，希望消费者选择符合自己生活方式的产品。为此，该公司从一开始就备齐了 12 种颜色，并且该公司的婴儿车与其他公司的婴儿车的最大差异在于并非四轮车而是三轮车。以前人们认为四轮车比三轮车更具有稳定性，但是实际上三轮车在抗翻倒方面更具稳定性，并且转换方向也更加轻松。GMP 国际公司是日本唯一一家全部满足了比日本制品安全协会合格认证（SG Mark）更加严格的德国技术监督协会（TUV）标准、英国标准（BS）、美国材料与试验协会（ASTM）标准的制造商。

大型婴儿车制造商制造的婴儿车车轮采用的都是橡胶轮胎，但是 GMP 国际公司制造的婴儿车采用的是带有轴承的空气轮胎，即便是在凹凸不平的道路上颠簸震动也不太会影响到睡着的婴儿。这无论是对于坐车的婴儿还是推婴儿车的父母来说都是很大的优势。

但是，康贝和阿普丽佳这两家大型企业却没有对 GMP 国际公司制造的三轮婴儿车采取同质化战略。因为在很长一段时间内，他们都是依靠销售四轮婴儿车来宣扬安全性的，难以转换为制造三轮婴儿车并向消费者宣传"三轮婴儿车的安全性更胜一筹"。

随着三轮婴儿车在市场中被逐渐认知，阿普丽佳公司从2018 年开始也销售三轮婴儿车了。另外，康贝公司仅发售了一种类型的三轮婴儿车，而现在该商品已经从他们的产品阵容中消失了。

● 寺田仓库公司

仓库行业是成熟产业，也是容易受到经济状况影响的行业。仓库行业主要以 B2B 商务模式为主，竞争激烈，仓库公司难以获取价格的主导权。这些企业即便是想要开发新客户，但是由于受到地理位置的限制，难以跻身进入非仓库选址的区域。

在这样严峻的环境中，该行业的中坚企业寺田仓库公司将自身的事业由保存业务转换为保管业务。如果将暂时保存顾客的物品叫作"保存"的话，顾客在将物品从仓库取出后想要提高其使用和利用价值就叫作"保管"。

以往寺田仓库公司和其他仓库公司一样，业务范围涉及储藏室、文件保管、运送、印刷等。附带说一下，寺田仓库公司的储藏室事业获得了关东运输局颁发的第 1 号事业认定证书。但是，寺田仓库公司无论从事哪种业务都会陷入价格竞争，不得不苦苦经营，以求生机。于是从 1975 年开始，寺田仓库公司开始从事保管美术品和贵重物品的业务。1994 年从酒窖业务开始加强了高级葡萄酒以及美术品、收藏品的保管业务，将业务重心转移到高附加价值的保管领域。对葡萄酒和绘画作品等贵重物品实施严格的温度、湿度管理以及安全防范管理。该公司设置了专业人员看守酒库和从事美术品管理，2015年又开始经营乐器专用的保管业务。

对于葡萄酒来说，保管并非目的，而其价值所在是如何通过合适的保存方式使之味道更加香醇。也就是说，寺田仓库公司的服务在于提高保管后的物品价值。

自 2012 年起，寺田仓库公司开始提供采用 B2C 商务模式的"迷你仓库"（minikura）私人仓库服务。该服务需要托管人将暂存物品装入瓦楞纸箱后寄到寺田仓库公司。该服务中的基本套餐计划"迷你仓库箱子"中，瓦楞纸箱（3 条边合计120 厘米）的保管费用是每月 250 日元，保管期限未满一年的开箱费用是 1000 日元，一年以上可免去运费。

之后，寺田仓库公司又开启了"迷你仓库物品"的服务。在"迷你仓库物品"这项服务中，寺田仓库公司会打开装有物品的瓦楞纸箱，对物品一一拍照。每月的保管费用是 300 日元，如果客户有需要的物品，该公司可以以一件物品运费 800日元的价格寄给客户。之前仓库业的行业常识是"不打开客户的物品包装箱"，但是寺田仓库公司会对客户的每一件物品拍照，明确客户托管的物品情况，同时可以取出任何一件物品。这在仓库业是前所未有的划时代做法。

为了将保管的价值送达消费者，寺田仓库公司将每一件物品取出仓库的服务也是响应了消费者的需求。仓库行业中，像寺田仓库公司这样小额的商务模式由于效率低，大型企业不会涉及，而且也有很多企业坚守"不打开包装箱"的仓库行业铁则（储藏室行业中，也有许多企业采取和寺田仓库公司同样的做法）。

● 信用卡追加保险

在海外旅行保险中，日本的 AIU 保险公司（现名为"AIG 损失灾害保险公司"）的市场份额占有量常年位列首位，因为该公司推出了一种新类型的保险。

以前人们一般都是在每次外出旅行之前才购买旅行相关的保险，或者用信用卡附带的保险临时凑合。而和家人一起旅行的时候，每次都购买保险的话就会花费不少费用；使用信用卡附带的保险的话，由于治疗费等保险金额相对较少，因此人们对救护方面稍感不安。

于是便诞生了信用卡的追加保险服务。这是一种以信用卡的保险为前提，仅追加用户认为不足的部分的保险类型。该类追加保险在海外旅行的回头客中受到熟悉保险业务的人群的好评。死亡保险金额等通过信用卡的附带保险就已经够用，大多数都是附加治疗费用、救援费用等保险。在北美，进入重症加强护理病房（ICU）后一天的费用是 100 万～ 200 万日元，手术费则达到数百万日元。并且在治疗中，租飞机回日本的救援费用据说会达到 1000 万日元。这种情况下，一般信用卡的治疗保险的赔付费是 100 万日元，金卡是 300 万日元，还远远不够。

最先推出追加保险业务的是日本损害保险公司，该公司于 2002 年发售了叫作"关闭"的定制保险。这是一种除治疗费用以外的补偿可以完全自由选择的保险。并且 2014 年 JI 伤害火灾保险公司以信用卡会员为对象推出了"信加"业务（即信用卡追加保险业务）。2016 年三井住友海上、日生同和、东京海上日动等公司也陆续推出了该项业务。

AIG 损失灾害保险公司的海外旅行保险项目确实略高一筹。例如，大多数信用卡附带保险以及信用卡追加保险，在旅行当地需要投保人先垫付医疗诊断费用，回日本后再申请索取保险赔付金，但是 AIG 损失灾害保险公司的海外旅行保险在旅行当地就可以立即兑现保险赔付金，不需要投保人垫付。但是，虽然知道有需求，AIG 损失灾害保险公司也无法对信用卡追加保险业务进行同质化战略。因为如果那样做，就自我否定了为顾客制作的最合适的 AIG 的海外旅行保险业务。另外，对于信用卡公司来说，弥补附带保险中不足的部分，例如治疗费用等的保障金额的话，以现在的信用卡年费无法相抵。而如果提高年费，就有可能失去一部分信用卡会员。为此，虽然保障金额不够，但是信用卡公司对此也不会采取同质化战略。

● 阿基里斯公司

很多运动鞋制造商会采取先让专业选手使用，然后利用其宣传效果，将廉价商品普及到一般消费者的做法。但是，在儿童运动鞋领域，自2003年以来，出现了一种销售10年累计卖了4000万双的畅销品（在这个行业，每年如果销售100万双就能被称作畅销品），那就是阿基里斯（Achilles）公司开发的"瞬足"系列儿童运动鞋。"瞬足"系列儿童运动鞋以"让擅长奔跑的孩子跑得更快，给不擅长奔跑的孩子以梦想"为概念，致力于让参加运动会的孩子能够跑得更快。阿基里斯公司在对孩子们的运动会现场进行调查后发现，在跑道左转的时候跌倒的孩子较多。而日本的小学由于校园和操场狭小，几乎没有什么直线跑道。

于是阿基里斯公司开发出了即便是身体朝左侧倾斜也不会滑倒，可以稳固支撑身体的左右非对称橡胶鞋底。这个为了在运动会中获胜而专门设计制造出来的、左右非对称橡胶鞋底的"瞬足"产品，吸引了孩子和家长们的目光，鞋子的单价被控制在2000日元以下，于是一时畅销起来。阿基里斯公司的市场份额长期居于业界的3～4位，从发售后的十年间，"瞬足"成为累计销售4000万双的长期畅销品。

那么，其他体育用品制造商为什么无法对"瞬足"这一产品进行同质化战略呢？第一，以小学生为目标的客户市场规模太小。加上日本少子化日益严峻，无疑该市场还会逐步缩小。第二，这些大型企业认为"运动鞋理所当然应该左右对称"。运动员会根据自己的脚感选择运动鞋，而对于这部分人来说，鞋底不对称的运动鞋会减弱常年训练的效果，或许是被禁止使用的鞋子。并且奔跑在跑道上的运动员中，还包括仅跑直线的 100 米比赛，所以不同比赛项目换不同的运动鞋，无法保持一致的脚感。

综上所述，对于习惯了对一流选手穿着的运动鞋进行量产化的体育用品制造商来说，左右非对称的鞋子戳中了其短处，也是阿基里斯公司的致命弱点。但是，"瞬足"这款商品也有意想不到的弱点，那就是所谓的"10 岁的屏障"。步入小学高年级后，孩子们开始憧憬一些时尚的名牌运动鞋。在加入足球队后，阿迪达斯等运动鞋对孩子们来说占有绝对的选购优势。所以，虽然知道"瞬足"运动鞋的良好效果，孩子们也不会选择。小学低年级的孩子选择"瞬足"的比例为 80%，但是进入高年级后就降到了 20%。

对此，阿基里斯公司为了进一步扩大市场，2012 年在看准舞蹈课转变为小学必修课的契机下，发售了面向中学女生的"瞬足"舞蹈鞋。这是通过鞋底的特殊球体加工，以利于旋转动作为卖点的鞋子。另外，瞄准成人参加运动会的市场，阿基里斯公司还发售了和儿童一样的左右非对称的成人"瞬足"系列产品。

事业的自身蚕食

事业的自身蚕食是指通过推出和领导者企业的强项产品和服务处于自身蚕食（Cannibalization）关系的产品和服务，在领导者企业内部引起不知是否应该追随的左右为难状态的战略。

● 索尼损害保险公司的按行驶距离核算的保险

日本《保险业法》的规定中，作为核算汽车保险费用的依据，分为年龄、性别、驾驶经历、使用目的、使用状况、地域、车型、安全装置的有无、车辆数量九个细分的风险项目。

索尼损害保险公司（以下简称"索尼损保"）在此期间，根据使用状况，也就是汽车的行驶距离，推出了不同的保险费用体系，索尼损保在日本国内的损失保险中首次实施了该类保险体系。该保险体系的广告文案为"保险费用仅按照行驶距离核算"，与此同时向大众宣传：如果你在一年内行驶距离短，和大型损失保险公司的投保费用相比我们公司更便宜。

迄今为止汽车保险的各项规定都非常严格，大多数保险费用都是统一的。对于只有节假日才驾车远游的驾驶员来说，会认为统一的费用体系不划算。加上日本持续通货紧缩，在驾驶员中有很多人不想交多余的保险费用。为此，就催生出了索尼损保的按照行驶距离核算保费的保险。

以东京海上日动火灾公司、日本损害保险公司为首的大型损失保险公司，迄今为止并没有推出按照行驶距离计算保费的保险种类。如果推出相似商品，不仅商品设计很麻烦，和现有商品相比，上市一种保费更加便宜的商品，也有可能会引发本公司事业的自身蚕食。

2009 年，东京海上日动公司和 NTT 融资公司共同出资的 E.design 损失保险公司，追随效仿了按照行驶距离计算保费的保险（正确来说，E.design 损失保险公司推出的是按照实际行驶距离计算的实际行驶距离型保险，索尼损保推出的是基于行驶距离预测的预测行驶距离型保险）。并且 axa-direct 公司、瑞士苏黎世保险公司等也在发售相关只按照行驶距离计算保费的保险。

索尼损保从 2005 年起，开始实施没有行驶部分的保险金额次年会便宜的"结转折扣"活动。这种情况需要比签约距离上限少 100 千米以上，相当于这部分差额从次年继续签约的保险费中扣除。该保险商品可以说让车主不会再认为自己购买的保险不划算了。

● 日本 Curves 健身俱乐部

当下，不配备游泳池和浴室等设备的简易型健身房数量在不断增加。2005 年成立于美国的 Curves 健身俱乐部在日本开店。

Curves 健身俱乐部以女性为目标对象，俱乐部内的 12 台训练器械呈圆形摆放，这是 Curves 俱乐部独创的一套"环形 30 分钟"锻炼项目。大多数会员每天都会前往俱乐部健身，为了方便他们往返，俱乐部的选址往往在住宅小区的街道附近，而且因为不需要泳池、浴室等周边用水设施，所以也会将俱乐部开在大厦或者商业街里。随着经销商的不断加盟，俱乐部的数量也在持续增加。通过这种低成本运营，加入俱乐部的会费每个月能够控制在大型健身房价格的一半以下。

Curves 健身俱乐部的健身教练会记住所有会员的名字和长相，他们会直接用名字来称呼会员，如果会员有一段时间没有来的话教练还会打电话询问状况。Curves 健身俱乐部的大多数会员是家庭主妇，她们具备强烈的持家节约意识，如果不能常常去锻炼的话往往就会退会。2012 年，Curves 健身俱乐部的会员数量发展到仅次于业界首位的科乐美运动（Konami Sports）公司，位居第二，但是大型体育俱乐部却不能对简易型健身房采取同质化战略。

因为如果大型体育俱乐部将原有的俱乐部规模改变为简易型健身房的话，就必须下调每个月的会费，会导致销售额减少，并且已经投入在游泳池和浴室等的费用也无法收回。大型体育俱乐部可以说是通过那些虽然交纳了高额会费但并不常去的会员来支撑自己的经营的，而如果变为像 Curves 健身俱乐部那样高频率的利用率，大型体育俱乐部就会变得拥挤、嘈杂，会降低现有会员的满意度。

另外，仅放置一些训练器械，聘用最少限度的销售人员，长时间营业的"随时健身"（ANYTIME FITNESS）、"JOYFIT24"等健身俱乐部也陆续在市场中出现。但是它们和以家庭主妇为目标客户群的 Curves 健身俱乐部性质不同，不会造成市场的相互蚕食。

● QB HOUSE

QB HOUSE（QB Net 公司旗下）是 1995 年由原本做医疗器械的销售人员小西国义创立的。QB HOUSE 作为一家剪发只需 10 分钟、收费 1000 日元（现在 1200 日元）的专业理发店，并迅速发展了起来，店铺一般设置在人流众多的街道边。美容美发行业的限制和规定繁多，例如美容师不可以在理发店工作，而理发师不能在美容院工作。因此几乎没有什么新加入者，这对 QB HOUSE 来说是值得庆幸的。2021 年 2 月，QB HOUSE 在日本国内开设店铺 585 家，在其他国家和地区达到 138 家。

QB Net 公司授权专营店的发展非常迅速，但是同行业的大部分公司却没有对其采取同质化战略。因为如果他们将一直以来从顾客那里收取 4000 日元的理发费用变成 1000 日元，就会导致收入大幅度减少。并且业务内容仅限于剪发的话，就无法有效发展其他服务，例如剃须等。

被 QB HOUSE 抢夺了顾客的理发店没有通过价格竞争进行对抗，而是向日本政府反映了相关情况，最终获得了成效，日本政府规定全日本 29 个都道府县的理发店必须设置洗发台。一直以来，理发店为了给顾客洗头都会装置洗发台，但是 QB HOUSE 是一家专业剪发的店铺，因此没有装置洗发台。而当政策出台后，QB HOUSE 会因为违反相关规定无法营业，所以 QB HOUSE 只能在店里设置一台不使用的洗发台。设置洗发台后就会减少一名顾客剪发的位置，销售额据说每个月会减少 100 万日元。于是 QB HOUSE 要和现有的种种阻碍和新规定进行"战斗"。

2006 年，创业者小西国义将 QB Net 公司股份的 74% 出售给了欧力士（ORIX）集团[①]。2010 年，欧力士集团将 QB Net 公司发行完毕的股票的 78% 出售给了风险投资公司集富（JAFCO）投资。由此可以看出，因为企业价值增加了欧力士集团才下定决心将其出售。之后集富投资公司在 2014 年将 QB Net 的股票出售给了基金投资公司英特格（Integral）。

QB Net 公司在事业不断推进发展中，于 2011 年开设了

---

① 日本最大的非银行金融机构和综合金融服务集团。——编者注

QB HOUSE 的高级品牌"FaSS"理发店，该理发店以 20 ～ 40 岁为主要客户目标。FaSS 理发店的剪发价格为 2200 日元，QB HOUSE 如果给人以"快捷理发店"的印象，FaSS 理发店则更接近于"快捷美容室"的感觉。FaSS 理发店的选址在东京的二子玉川、自由丘、中目黑等时尚场所。通过 FaSS 理发店也提高了在 QB HOUSE 工作的理发师的专业技术和工作积极性。

● SRE 控股公司

日本的二手房地产交易在买家和卖家之间会加入中介，签约后从买家和卖家双方收取手续费（成交价格 ×3%+6 万日元为上限）。因此，中介在成交后，可以得到相当于成交价格 6% 的高额手续费。但是在发达国家一般没有这样的交易方式。例如在美国，对于买家和卖家来说，中介不会位于中立位置，而且因为会发生利益相悖的状况，美国有很多州禁止此类交易。在美国，卖家和卖家各自有一个代理人，在价格交涉方面，一般在代理人之间进行（在诉讼的时候也一样，双方都有各自的律师）。

如果双方采用中介交易，容易引起"圈占"现象，有可能中介会将自己的利益优先于顾客的利益。受到卖家委托的房地产公司，需要在不动产数据库的不动产流通标准信息系统中注册该房产信息，即便有别的从业者希望买入，也会挂出"目前商谈中"的标签进行拒绝，直到该中介找到可以进行交易的买家，这样一来待售的二手房产就会出现被"圈占"的现象。

由此一来，卖家就失去了早期出售的机会，买家也被剥夺了可以早期购买二手房产的选择权。顺便说一下，在美国如果房地产公司进行"圈占"行为，相关部门会剥夺其不动产业的营业执照。在这当中，SRE 控股公司（旧称为"索尼不动产公司"）通过售卖物件的单方面交易，将不动产交易更加公开透明化，并且以价格合理的手续费进入二手房交易行业中。由于是单方面交易，所以 SRE 控股公司会更重视委托主的需求，加上不会产生广告费用等，手续费就会更加便宜。

SRE 控股公司即便不利用只有房地产从业者能够使用的成交价格的数据库，也会给用户提供一种卖家能够标价的估算房地产价格的搜索引擎。这是索尼公司特有的、以其深层学习技术为核心开发出的搜索引擎，通过搜索得到的估算价格和成交价格的误差只有 5%，精确度相当高。

这种单方面的交易对于日本的房地产行业来说就是一艘"黑船 ①"，尽量不希望其可以得到推广普及。因为如果由中介交易转向单方交易，房地产公司的收入就会减半。为此，现

---

① 来自海外的新商品席卷整个稳定的业界，让业界自身的秩序发生不可逆的变化，有时会受到本国的强烈抵抗，因此将其称为黑船现象。——译者注

存企业对 SRE 控股公司的做法并没有采取同质化战略，而且还向顾客进行反宣传，认为 SRE 控股公司的做法不适合日本，或者延迟向其提供房地产信息等，采取了一些可以说是令人生厌的行为。

对于全体业界的反抗，SRE 控股公司在持续孤军奋战，但是一直没有援军出现，这恐怕也是该业界具备的特征。

从反同质化战略企业案例中得到的启示

反同质化战略就是以"不具备资源"为强项，不和领导者企业竞争的战略。一直以来，在制定经营战略的时候，企业经常使用的方法是 SWOT 分析方法①。通过综合分析长处、短处、机会和威胁来制定商业战略。大家默认的前提是这个战略能够充分发挥和利用自己公司的长处，并弥补自己的公司短

---

① 基于内外部竞争环境和竞争条件下的态势分析，将与研究对象密切相关的各种主要内部优势（Strengths）、劣势（Weaknesses）和外部的机会（Opportunities）和威胁（Treats）等，通过调查列举出来，并依照矩阵形式排列，然后用系统分析的思想，把各种因素相互匹配起来加以分析，从中得出一系列结论，而结论通常带有一定的决策性。——译者注

处。但是，为了引起领导者企业内部的不协调和矛盾，需要具备一种反向思考方法，即将领导者企业由于自己的强项而不得不放弃的部分一举变为其弱项，反过来将作为弱项的自己公司的资源转化为强项。

比起像信息技术领域那样每当技术更新时就会更换企业首位排名，反同质化战略更加适合成熟并且市场份额固定的领域 [因为在信息技术那样技术革新迅速的领域中，就像克里斯滕森（Christensen）说的那样，当破坏性的技术革新发生的时候，新兴企业就有极大可能一跃成为主角]。特别是当领导者企业的强项具备绝对性，为此不得不放弃一些东西，这个时候可能找出的就不仅是一个强项转化为弱项的要因了。

比如，之前介绍的日本生命保险公司的强项就在于曾经拥有的销售人员的数量，而日本生命网人寿保险公司首先考虑的是通过网络销售将其销售渠道负债化。领导者企业的强项是涉足保险业务经营的全线领域（所有种类的保险、特殊条约），于是日本生命网人寿保险公司就废止了复杂的特殊条约，专门应对简单易懂的保险。由于保险条约复杂难懂，因此需要通过销售人员的专业解答，通过将保险条约变简单，消费者便可以在网上选购保险了。并且日本生命网人寿保险公司公开了保险费的具体内容，让消费者可见。现在的消费者越来越聪明，他们会利用保险费的比较网站获得丰富的保险相关信息，而日本生命网人寿保险公司正合他们的意，给他们展示了选择保险的基准，这也是日本生命保险公司难以实施同质化战略的重点。

在信息化发展相对滞后的时代，消费者无法通过互联网查询到太多信息，企业（供给者）具备的信息和知识更多，也就是说企业和消费者之间存在"信息的不对称"（当事者间各自具有的信息量差别很大的状态）。那样的时代会给企业一方带来更多的利益。例如计算机主机、办公计算机的时代，计算机制造商获得了很高的利润，但是当计算机零部件模块化后，只要有一些电脑知识的消费者就可以自己组装个人计算机，这样一来，计算机制造商的利润率就会降低。也就是说，信息的非对称性差距比较大的场合，对于顾客来说企业的优越性就难以崩塌，领导者企业就容易维持其稳定性，但是非对称性差距变小的话企业优越性的构造就会崩溃。

我认为在建立反同质化战略时比较重要的有以下两点。一是，要寻找多个领导者企业作为其强项的竞争源泉，并将其逐个负债化。例如常年位列首位的丰田、小松、AGC、永旺等公司的强项绝不会只有一个。二是，向消费者提供更多的信息，同时将领导者企业的价值链和体系解体。通过这些手段，弄清消费者选择商品和服务的基准，并建构一种消费者能够只购买必需品的体系。

第一章中也提到日本人缺乏海外旅行的经历，在旅游套餐为主流的时代，JTB 公司的"look"和日本航空公司的"JALPAK"等作为高收益的商品支撑着企业的发展。但是，随着日本人海外旅行人数的增加，HIS 国际旅行社等开始单卖机票，或者只帮忙预订酒店等，此时作为强项的套餐商品的价格对消费者来说就较贵了。

第四章

协作战略——引起竞争的不适应

什么是协作

以往的竞争战略论中，认为同行业内的不同公司之间存在竞争关系。但是，近年来人们逐渐意识到公司之间不仅仅存在竞争关系，也有协作共赢的一面。协作关系被定义为"排除了那些无益纷争后的关系"，这些纷争是各公司之间的优势差异所带来的直接影响。协作战略就是指和竞争对手企业尽量不去竞争，而谋求共存的战略。

表示和其他公司协作的词有合作竞争（Co-opetition）、关系网（Networking）、合营企业（Joint Venture）、联盟（Alliance）、合作（Consortia）、伙伴关系（Partnership）等，这些词作为近义词被人们无区别地使用，将它们概括来说就是"协作"（Collaboration）。

在为了取得业界既定标准的竞争中，我们能较频繁地看到协作战略的应用。为了取得该标准，除了成为像微软公司和英特尔公司那样具有绝对优势竞争力的企业，采用相同规格的企业数量越多，越能有效发挥对外联结。为此，采取免费向其他公司公开专利、给予技术支持、供给原始设备制造商、交互授权等开放性战略，并且和竞争对手结为阵营是非常有效的方法。

这样的协作战略在无关规格的领域也会被采用，例如在汽车行业、电影产业、航空行业中都可以看到。在汽车行业中，为了一边维持产品生产线，一边追求效率，采取被称为"相互原厂委托代工"的方法，日产汽车公司和三菱汽车工业公司之间频繁地进行着小型汽车的相互委托代工业务。并且，丰田汽车公司无偿公开其电动车车型的所有专利权，和处于竞争关系的其他汽车公司及电子、材料厂家之间结成伙伴关系。丰田汽车公司之所以与众不同地将专利权全面开放，是因为如果不通过和其他公司之间的协作来扩大市场，就无法完善基础设施的建设，电动车也不会得到普及。

另外，在电影产业中，由于成功率原本就非常低，因此多家公司会组成制作委员会，各自拿出一些资金来分散和承担风险。还有在航空行业中，多半世界的航空公司都归属于星空联盟（Star Alliance）、寰宇一家（oneworld）航空联盟、天合联盟（SKYTEAM）三大集团，这些公司之间会进行联合运营、航空里程的互相累积等。通过这些联盟，自己公司即便不运行所有的航线，用自己公司的航空名称也可以预约到全世界的大多数航线。

竞争和协作

以博弈理论为基础提出竞争和协作问题的是亚当·布兰登勃格（Adam M. Brandenburger）和贝利·奈勒波夫（Barry J. Nalebuff），他们强调在商业中需要竞争和协作两个方面，将竞争和协作同时发生的状况叫作"协作竞争"。这是由"竞争"与"协作"两个词组成的新型复合词。他们认为"对于顾客来说，通过持有其他竞争对手公司的产品来增加自己公司产品的价值，这种情况下将该竞争对手公司称为'补充生产者'"。于是就涌现出很多在做某项事业的时候双方合作，在分享事业成果时双方竞争的案例。

例如，对于美国航空公司来说，达美航空公司既是其竞争对手，也是其补充生产者。围绕乘客和机场设施建设，两家公司展开竞争，但是向美国波音公司请求开发新型客机的时候，双方又成为相互补充的关系。美国航空公司还向其他航空公司提供被称为"Sabre"的计算机预约系统（CRS），而围绕计算机预约系统，美国航空公司和其他航空公司之间也存在协作和补充的关系。也就是说，补充生产者虽然从竞争对手中独立出来自成一体，但是在现实中竞争对象和补充生产者会相互重合，一个竞争者在价值相关的网络中扮演多个角色是非常常见的。

在现实市场中，既没有"100%的竞争"，也没有"100%的协作"。例如，丰田汽车公司给日产汽车公司供应电动燃油混合式汽车的核心部分，富士 Xerox 公司（现名为"富士商业创新公司"）和佳能公司之间也存在复印机的核心部分的零部件的交易。反过来说，只要不是100%的子公司，就不存在完全的协作关系。竞争和协作不是零或者一的关系，而是程度上存在差别。

协作战略和价值连锁

价值连锁——企业产生的价值

协作战略中，我们还需要思考公司之间相互委托代工和零部件的交纳关系，不过本书将重点集中在企业的价值链上。价值链就是"用来表示企业产生的价值，由企业内部创造价值的活动和利润构成"。

企业内部创造价值的活动分为基本活动和辅助活动。基本活动涉及进货作业、生产作业、出货作业、市场营销、售后服务，主要是产品和服务的生产过程。辅助活动则涉及企业基础设施、人力资源管理、技术开发、采购管理等。企业为了建立协作战略进行价值链分析的时候，大多是分析企业的基本活动。

以前的价值链大多在一家企业的内部完成。例如新药制造商的研究、开发、生产、销售、售后服务等所有活动都在自己的企业内部完成。但是 2005 年日本政府放宽限制后，就没有必要必须在自己的企业内部完成所有活动了。以此为契机，生物制药研发外包①（CRO）、生物制药合同生产②（CMO）、合同销售组织（CSO）发展起来。这样一来，在如今社会就可以选择想要哪种功能、不想要哪种功能了。

过去的业务外包主要存在于辅助活动。从工作形式、雇用形式不同的业务中诞生了西科姆（SECOM，安防）、西达克斯（Shidax，职工食堂）、CSK（信息处理）等企业。之后业务外包扩大到物流、生产等领域，逐渐转移到基本活动领域。最近企业在所有领域中都开始进行外包业务。

根据本公司资源分出的选项

和其他公司进行协作分为两种情况，即本公司具备所有

---

① 通过合同形式为制药企业、医疗机构、中小医药医疗器械研发企业等机构在基础医学和临床医学研发过程中提供专业化服务的一种学术性或商业性的科学机构。——编者注

② 接受制药公司的委托，提供产品生产时需要的工艺开发、配方开发、临床试验用药、化学或生物合成的原料药生产等服务。——编者注

的价值链和不具备所有的价值链，这两种情况下推进事业时进行的协作方法也不一样。本公司具备需要的所有价值链功能的情况下，在本公司的价值链中引进竞争企业功能的一部分，便可以一边竞争一边协作。典型的例子就是一边销售自己公司的产品和服务，一边兼顾销售竞争对手企业的产品和服务。

后文要讲的爱速克乐公司，原本是总公司为了扩大塑料产品的销售量而建立的，但是在追求让顾客满意的过程中，也会在其商品目录里加入国誉、锦宫等其他竞争对手公司的产品，现在其他公司的产品销量反而更多。另外，本公司不具备行业中所需要的所有价值链功能的情况下，进入竞争对手企业的价值链中进行合作战略是有效的方法。例如，替代竞争企业一部分功能的业务或者追加一些迄今没有的功能的业务。

进入该行业的大多数企业后，即便只有一小部分业务，只要将这一小部分做到垄断就可以获得利润。后文要讲的医药调查公司艾昆纬（IQVIA）等就是典型的企业案例。并且在协作战略中，如果可以和领导者企业合作，其效果是显著的，但是通过和更多的企业合作，也会加深不竞争的程度。

替代和追加价值链功能

思考和其他公司进行协作战略的另一个选项，就是替代竞争企业的价值链的一部分功能，或者在价值链中添加新功能。前者不改变竞争企业价值链的形态，只是替代其中的一部分。以前认为理所当然应该是企业内部制造的功能，最近也开始将业务外包。例如银行的自动柜员机、信用卡公司的数据处理业务和休养胜地设施的运营等。

另外，在竞争企业的价值链中添加新功能后再进入，这种做法的特征是通过新功能，捆绑中小企业，或者创造新的顾客接点。例如，销售能力薄弱的中小巴士公司在新开设了高速巴士业务的情况下，对于销售车票会感到困难。为此，通过添加被称为"乐天巴士服务"的网页销售功能，巴士车票的销售工作就会一下子变得轻松起来。如果中小巴士公司自己开设一个销售车票的网站，将会花费巨大的投资而利润回报却很小，非常不划算。中小巴士公司通过将乐天巴士服务的网页销售功能编入自己的价值链中，几乎不需要增加成本就可以达到增加销售量的良好效果。

协作战略的四种类型

上文讲述的两种选项是将价值链中的功能组合的方法，将其和替代功能或者追加功能看作横轴和竖轴并进行交叉便得到了图4-1。

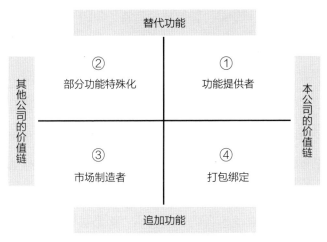

图 4-1　协作战略的四种类型

资料来源：笔者制作。

　　为了明确各象限的含义，我用名称进行区分，关于②和
③的名称，由于波士顿咨询公司（Boston Consulting Group）已
经命名了相同的概念，因此，本书决定使用相同名称"部分功
能特殊化"（Layer Master，即对于价值链中的某一层进行专业
应对，依靠该部分产生的附加价值确立绝对优势地位的竞争参
与者）和（Market Maker）。

　　首先，功能提供者（Competence Provider）的含义是虽然
具备和竞争对手企业进行竞争的价值链，但是也积极从竞争对
手企业那里接受委托，向对方提供本公司价值链的核心功能，并
以此提高利润的战略。例如，美国通用电气公司虽然在航空发

动机领域和其他两家公司进行竞争，但也接受竞争对手劳斯莱斯（Rolls-Royce）公司、普拉特·惠特尼集团（Pratt & Whitney Group）委托的维护保养业务，垄断了飞机发动机的维护事业。

其次，部分功能特殊化是指替代竞争对手企业的一部分功能，并形成垄断地位的战略。例如 Seven 银行就是将有自动柜员机的银行进行特殊专业化，和三菱 UFJ、三井住友银行等 956 家金融机构进行自动柜员机的协同合作，通过用其他银行的储蓄卡取现金的时候收取手续费来提高自己的销售额。并且 Seven 银行并非自动柜员机管理公司，而是具有银行资质的公司，因此或许也可以将其看作功能提供者。但 Seven 银行不具备普通银行具有的所有价值链功能，其销售额的 90% 依靠用其他银行储蓄卡取钱时收取的手续费（2021 年 3 月决算期），因此在资质上虽然相当于银行，但是实质上是进入其他银行的价值链中，处于部分功能特殊化企业的位置。

然后，市场制造者就是通过在竞争对手企业的价值链中添加新功能进入其价值链，并和竞争对手企业一边合作一边形成市场平台的战略。特别是中小企业寻找交易对象比较困难，使用该战略的案例有很多是可以形成市场功能的企业。前文讲述的乐天巴士服务，就是通过提供高速巴士票的网络销售这一新功能，将销售能力薄弱的中小巴士公司和想要廉价利用交通工具的消费者连接了起来。

最后的打包绑定（Bundler）就是在追加新功能后，通过把竞争对手企业的产品也引进自己公司的产品线中，来提高顾客价值，同时提高同类竞争产品的进入壁垒的战略。例如，格力高办公室零食箱服务就是通过将其他公司的零食产品也装入自己公司的无人售卖零食箱中，配备了格力高办公室零食箱服务的企业就没有必要再使用其他厂家的同种服务了。

以下就按照顺序，通过具体的企业案例展示各个战略的特征（见图 4-2）。

图 4-2　协作战略的企业案例

资料来源：笔者制作。

功能提供者——提供核心功能

功能提供者就是在整个价值链中和竞争对手企业一边竞争，一边积极从竞争对手企业那里接受委托，提供自己公司的核心功能，并共同协作的战略。目标是"在某种特定的核心功能领域中，形成垄断或者形成接近于垄断的状态"。下文介绍几个功能提供者的企业案例。

● Qubitous 公司

信用卡业务一般分为发卡方业务、受理方业务、处理业务三大类。发卡方业务是信用卡的发行主体，提供募集会员以及发行卡片、提供卡片功能的服务。例如 JR 东日本公司就是信用卡的发卡方。受理方业务主要是管理和开拓能够使用该卡片的加盟店。处理业务主要是办理卡片的入退会手续、监督检查、卡片的决算、咨询和应对等。

其中，信用卡业务的外包服务在不断深化，但是这些外包服务对于消费者来说是看不到的。积极接受其他公司的委托，致力于信用卡处理业务的企业有 Qubitous 公司、Cedyna 公司、三菱 UFJ NICOS 公司等（也有像日本信用卡公司那样，自己展开所有信用卡价值链的公司）。其中，Qubitous 公司成立于 2007 年。该公司对外宣传自己是"专业的处理器"，是继承了世尊信用卡公司（Credit Saison）、UC 信用卡公司的信用卡处理业务并进行统一合并后的世尊信用卡公司的子公司。

信用卡处理业务发挥了其规模经济性的作用，即便是小规模的信用卡公司，由自己承担该项业务也不划算。Qubitous公司就是为这样一些小规模的信用卡公司提供信用卡处理业务服务而发展起来的。世尊信用卡、UC信用卡、高岛屋信用、理索纳银行、东武信用卡商务、欧利克（Orient）、View信用卡、乐天银行等公司均委托Qubitous公司做信用卡的处理业务。

无论在卡片上加上何种标志，信用卡处理业务都是标准化的业务，是顾客看不到的追求效率化的部分。信用卡行业中"可以看到的部分追求差异化，看不到的部分追求标准化（效率化）"的倾向在不断发展（见图4-3）。Qubitous公司通过标准化那些看不到的部分来追求规模性发展，提高利润。另外，对于规模小的信用卡公司来说，将信用卡处理业务委托给Qubitous公司来做在成本上也是划算的。

图4-3 看得到的差异化和看不到的标准化

资料来源：笔者制作。

● 美国通用电气公司的航空发动机

美国通用电气公司在 1997 年倡导全球化服务，致力于向服务型商业模式转换。例如，航空发动机就由原来的"销售一空"模式切换为以服务为中心的商业模式。

1980 年年初，在航空发动机方面，美国的普拉特·惠特尼集团占有 70% 左右的市场份额，美国通用电气公司的市场份额仅有其四分之一。但是到了 2010 年，世界一半以上的飞机都搭载了美国通用电气公司制造的发动机，把竞争对手普拉特·惠特尼集团和劳斯莱斯公司远远甩在了后面。

美国通用电气公司首先从航空发动机销售制转换为租赁合同制。依据租赁合同，美国通用电气公司只按照飞机实际的使用时间来收费，如果发动机产生故障就不收费，这是以顾客为本的收费体制（发动机在飞机中是最容易发生故障的）。根据租赁合同，美国通用电气公司可以掌握发动机哪里容易产生故障，并能够在下一个发动机的开发中避免重蹈覆辙。对于特定的零部件，美国通用电气公司也明白了在一定的运转时间后容易产生故障的原因，因此可以通过早期更换零部件延长发动机的使用时间，最终也可以增加租赁收入。

美国通用电气公司在下一个阶段，准备向包括竞争对手企业的发动机在内的发动机维护保养事业进军。该公司在自己制造的发动机中编入了大量感应器和信息发送系统，让发动机可以做到将飞机飞行中的数据实时发送回地面。当检查出不良状况时，可以不拆卸发动机直接解决问题。对于航空公司来说，减少了从飞机外部拆卸进行大规模翻修的频率，实现了大幅度的成本节约。并且，飞机一着陆，航空公司立刻就可以开始维护保养，彻底改善了航空公司的飞行准点率。

通过这些措施和步骤，美国通用电气公司将发动机的预防保养、维修、备件管理服务等结合起来，向航空公司提供一整套的全球化发动机技术服务。美国通用电气公司将这种做法也运用在核磁共振成像（MRI）、电子计算机断层扫描（CT）等医疗器械上。并且将其继续延伸，开发出了整合产业器械的共同平台"Predix"，并明确其方针是将该平台开放提供给其他任何公司，让大家都可以使用。美国通用电气公司开放重要的软件使用权让人一眼看上去似乎是在营救处于困境中的"敌人"，实际上这个战略是沿用了美国通用电气公司一贯的经营原则，即"强化软件开发，研磨信息分析能力是产业机械制造商生存下去的唯一出路"。

美国通用电气公司作为功能提供者，一直在努力积累更多的产业信息并将其变为竞争的武器。该公司的飞机发动机在2000年公司内部的销售额排名中仅位于第四。但是到了2019年，依靠发动机赚取的利润占到了公司营业利润的80%，2020年成为公司最大的事业板块。

● 星野度假村

星野度假村建立于星野嘉助着手开发轻井泽 [①] 的时候。轻井泽被开发 16 年后的 1904 年，星野嘉助在中轻井泽购入了土地。1914 年建立了星野温泉旅馆并开业，吸引了很多游客在此住宿。1965 年第三代社长重新改建了轻井泽高原教堂，并向婚礼事业进军。自那之后，轻井泽高原教堂成为度假村婚礼的先河一般的存在。第三代社长 1991 年将自己公司的事业领域定为"度假村和运营"，1995 年将公司名称变更为星野度假村。

现任社长星野佳路在美国康奈尔大学研究生院学习酒店管理，回日本后作为星野温泉的副社长进入公司，1991 年就任社长一职。星野佳路运用了在康奈尔大学学到的让顾客满意的思维方式，将公司的理想设定为"度假村经营管理的高手"。2005 年星野度假村和高盛集团（Goldman Sachs）合办成立了资产管理公司，正式进入旅馆、度假村酒店的可持续发展事业。星野度假村的负责人提供迄今积累的运营旅馆和度假村酒店的经验和智慧，高盛集团提供资金。基本业务内容是从资产管理公司派遣总经理，和现有的经营阵营、职员协同致力于酒店的可持续发展。

星野度假村进行的可持续发展事业包括：修正财务；设

---

① 日本的一处避暑胜地。——编者注

定新理念；筹划战略框架这三大步骤。其中，星野度假村最重视设定新理念。星野度假村除了重建小渊泽、Alts 磐梯、Tomamu 度假村等倒闭的度假村设施，还着手重建了 Izumisou、白银屋、有乐等老字号旅馆。

在星野佳路学习酒店管理的美国，大多数酒店和度假村设施都实行所有权和运营权分离制，因此他认为日本今后也会迎来这样的时代。泡沫经济时期，进入度假村设施建设领域的大多数投资家和房地产开发公司都在追求开发的利润，对度假村设施的运营没有兴趣。因此，星野度假村通过正式加入运营委托事业，将迄今处于和星野度假村竞争位置的旅馆、酒店变成了星野度假村的顾客。通过此举，星野度假村的顾客不仅包括住在旅馆的消费者，还包括度假村设施的经营者。

星野度假村虽然计划开展旅馆的重建事业，但是很难聘请到旅馆行业中的专职厨师。星野集团在进行重建时，辞职的厨师非常多，还有旅馆的女经理几乎半数都辞职了。

为了解决缺少厨师的问题，星野度假村在千叶县开设了中央厨房，将菜品冷冻后提供给全日本星野集团的酒店和旅馆。和家庭式饭店的中央厨房不同，该中央厨房并非向顾客提供做好的菜，而是做好 80%，剩下的 20% 由顾客在现场制作。在现场还会推出并销售螃蟹、鳗鱼等土特产。用当地上好的食材制作出来的主菜和餐后甜品，受到了顾客的青睐。

星野集团的经营体制不依赖于经理。一般旅馆的经理通常全年无休，是旅馆运营的重要位置。但是，星野度假村力求通过多任务处理来解决这个问题。以前前台、烹饪、打扫、饭店等负责这些工作的人都在旅馆、酒店中，但是星野度假村想到了可以让一个人担任这四项工作的办法。于是，按照旅馆、酒店的淡季和旺季的不同，星野度假村用较少的人数就可以来应对这些工作。

这样一来，星野集团虽然和其他的旅馆、酒店也在竞争，但是通过重建事业接受其他旅馆和酒店的运营委托，呈现出迥然而异的商业面貌。

● 雷考夫公司

吉田允昭在山一证券公司创立并一直从事企业的合并与购买事业，他于 1987 年从山一证券公司辞职，成立了雷考夫（RECOF）公司。雷考夫公司是一家专业从事企业合并与购买的公司。而在雷考夫公司成立的一个月前，野村证券公司和美国的投资银行华瑟史坦佩雷拉集团（Wasserstein Perella）合并设立了野村企业信息公司。雷考夫公司现在已成为世界最大规模的从事企业合并与购买的专业公司。公司名称"雷考夫"就来自英文公司名"Research and Corporate Finance"的首字母组合。

雷考夫公司当下的业务内容包括企业的合并与购买战略方案筹划、方案创新和实施、管理支援、并购后整合（Post

merger integration）支援、跨国企业的合并与购买支援等。

世界的企业并购过程中，主流方式是通过卖方的代理人和买方的代理人之间的交涉进行，但是雷考夫公司采用独特的方法，即作为双方的中介从中进行斡旋。和"结婚介绍人"的作用相似，但是也有人批判认为委托人（两家公司）利益相悖。不过，据说雷考夫公司立足于两家公司的组织、企业文化等，可以策划出让两家公司都能够接受和满意的并购方案，因此很少出现纠纷。

让雷考夫公司出名的不仅是其从事的企业并购中介业务，还有作为事业的组成部分，该公司持续发行关于企业的合并与购买信息的 *MARR* 月刊，并定期通过该月刊发布各种信息。

上市公司实施合并与购买后有义务开新闻发布会。雷考夫公司连与自己竞争的企业合并与购买中介企业参与的案件也做了精心且细致的调查，每月定期提供给订阅月刊的会员。报纸和杂志等在引用企业合并与购买的宏观数据的时候，绝大多数都会标记"出处：雷考夫公司"，这成为既定的业界标准。*MARR* 的订阅率据说在企业合并与购买相关行业中几乎是100%，对于其他的企业并购公司来说，可以说缺了雷考夫公司的调查数据，就无法掌握企业的合并与购买动向。也就是说，雷考夫公司在企业合并与购买的顾问业务中虽然和竞争企业进行竞争，但是也向竞争对手公司销售企业合并与购买的相关数据，采取了竞争和协作并行的战略。

2008 年，雷考夫公司将企业合并与购买的数据库和企业合并与购买的专业杂志 *MARR* 的事业部独立出去，成立了雷考夫数据公司。

2016 年，M&A Capital Partners 公司收购了雷考夫公司和雷考夫数据公司，并将其纳入旗下。M&A Capital Partners 公司擅长中坚企业和中小企业的事业继承业务、企业合并与购买的建议和调解业务，雷考夫公司则在行业再建企业合并与购买业务中占有优势，人们期待这两家公司合并后的合作效果。这可以说是以企业合并与购买为专业的企业之间经营合作的一件意义重大的事。

部分功能特殊化——深入竞争

所谓部分功能特殊化是指仅通过提供某种功能进入竞争对手企业的价值链中，并在那里形成垄断并获得利润的战略。和功能提供者一样，目标也是做到接近于垄断的状态。当业界共同出资建立公司的时候，这样的公司从表面上看，也许会采取部分功能特殊化的形式。但是通过该公司的努力，并非会垄断该部分功能特殊化事业，本书不涉及这样的企业案例。

上述的企业案例有损害保险费率核算机构，该机构会核算出汽车、火灾、伤害、护理保险的参考赔付率以及自赔付、地震保险的基准赔付率，并将数据提供给会员保险公司。核算机构有东京海上日动火灾保险公司、三井住友海上火灾保险公司、日本损失保险公司等，由在日本销售损失保险的几乎所有公司出资建立。还有个人信用信息机构，例如 CIC 公司、日本信用信息机构、日本银行个人信用信息中心等。CIC 公司是 1984 年由 36 家主要的信用卡公司共同出资建立的（旧称是"信用信息中心"），是唯一一家日本政府指定的基于分期付款销售法、贷款业法的信用信息机构，有 900 家公司加盟为会员（2021 年 2 月为止），如果按照不同行业来分类，其中大多数是银行的信用卡公司、信用销售公司，以及保证、保险、住宅贷款公司和流通信用卡公司。

本书不会涉及这些业界共同出资成立的企业案例，以下主要讲述部分功能特殊化的企业案例。

● Seven 银行

7-11 便利店从 1987 年开始代收公共费用。由于广受顾客好评，因此 7-11 便利店的负责人考虑在店内设置自动柜员机，这样会增加顾客的便利性。于是，7-11 便利店开始计划和其他银行一起成立一家自动柜员机共同运营公司。但是由于和各家银行之间没有商量好手续费，并且在共同运营公司中自动柜员机仿佛是各家银行设在外地的办事处一样，7-11便利店实际上无法掌握领导权。为此，7-11便利店决定靠自己的力量单独取得银行资质。

2001年，Seven & I 控股公司作为出资方设立了 IY 银行。大股东中还有三井住友银行、三菱东京 UFJ 银行。IY 银行构想以自动柜员机手续费作为收益的主要来源，基本上不进行融资等业务，是专门用来决算的银行。对此大家纷纷质疑，例如，在银行业中"从个人那里汇集存款，并将其用于融资获得利润才是银行的主业，不致力于收集存款，不进行融资的银行根本不会成功""收益来源仅仅依靠自动柜员机不可能成立"等。

但是，在 IY 银行成立的第三年，即 2003 年，其整体收益、当期纯利润全都是黑字（日本金融厅规定新设银行在 3 年内单年度要盈利）。2005 年，该银行改名为 Seven 银行。

Seven 银行的收益来源是设置在 7-11 便利店中的自动柜员机，当顾客用其他银行的储蓄卡取现金的时候收取一定的手续费。当使用 Seven 银行的自动柜员机的现金取出率占到 80%时，就产生了手续费。

顾客用合作金融机构的储蓄卡使用 Seven 银行的自动柜员机，每使用一次就会有 150 日元左右的金额由合作银行付给 Seven 银行。Seven 银行的普通所得为 1373 亿日元（相当于公司的销售额），其中的 90%（2021 年 3 月决算期）是使用其他公司的储蓄卡使用自动柜员机时收取的手续费。Seven 银行共设置了 25785 台自动柜员机，与其合作的金融机构数量达到 613 家。

　　Seven 银行赢利的理由，第一，可以低成本筹备到自动柜员机。过去银行购入一台自动柜员机大概要花费 1000 万日元，其中设置在无人店铺的自动柜员机的结构要更加结实，大概会花费 2000 万日元。而 Seven 银行的自动柜员机不可以使用存折，不收也不找零钱，构造简单，一台成本可以控制在 300 万日元左右。这样的话一天内通过自动柜员机的决算即便没有满 70 次，Seven 银行也能够有收益（据说如果银行业的自动柜员机一天的决算在 100 次以下，一般会将其撤去）。

　　第二，金融机构如果自己出资设置自动柜员机，成本负担很重，因此和 Seven 银行合作后会撤去自己出资的自动柜员机，并借助 Seven 银行的自动柜员机来扩大自己的事业范围。例如，新生银行就将自己出资的自动柜员机全部废除，和 Seven 银行合作后，即便是在新生银行里也设置了 Seven 银行的自动柜员机。与 Seven 银行合作的金融机构只需向 Seven 银行支付手续费，就可以不用花费固定成本（设置自动柜员机）向顾客提供服务了，因此它们和 Seven 银行之间构成了双赢的关系（不过对于合作的金融机构来说，虽然不用花费固定费用设置无人店铺和自动柜员机，但是最近向 Seven 银行支付的手续费也很贵，这成为令人头疼的问题）。

综上所述，Seven 银行并没有具备一般银行所具有的所有价值链功能，但是通过将自动柜员机特殊化经营，并以此为"武器"进入其他银行的价值链中获取利润，Seven 银行成为世界上特殊类型的银行。

那么，Seven 银行的优势会永远持续吗？分析如下。

第一，Seven 银行的商业模式在低利率时期会有效发挥作用，但是在高利率时期会产生很大的机会损失。在高利率时期，如果用自动柜员机中的现金进行融资，能够得到利息收益，但是 Seven 银行得不到这一部分收益，只好将其变为利率负担。如果能像现在这样维持低利率则影响较小，但是如果高利率时期来临这种模式就难以继续了。

第二，现在的日本，个人消费决算中现金占有的比例依旧高于其他发达国家，而这种高比例到底会持续到何时不得而知。日本政府以提高服务业的生产性、安全性、入境旅客的便利性为理由，不断推进无现金化的各种政策，如果连小规模商业模式中用智能手机结算的方式都能得到普及，现金比例大概会大幅度下降。现金结算为零的状况虽然不会出现，但是顾客从自动柜员机取现金的次数肯定会减少。

对于这种发展趋势，Seven 银行已经开始想办法采取措施应对，例如没有银行账户的人用 Seven 银行的自动柜员机也可以取现金，该服务从 2018 年开始提供，叫作"现金领取服务"。领取现金的一方即便没有开通银行账户，也可以随时在 Seven 银行的自动柜员机中取到现金，这种服务在自由职业者和外国人劳动者中广受好评。取现金的人只需将收到的由 Seven 银行官方发来的取款信息输入 Seven 银行的自动柜员机中，便可以从自动柜员机中取出纸币，硬币则需要从 7-11 便利店的收款台领取，也可以换成电子货币。

对于汇款企业来说，不需要汇款接收方的账户信息，只需知晓必需的个人信息就可以完成汇款，手续简单，汇款耗时也很短。该汇款模式的启动原本源于银行职员的疑问，即"网络销售中因为产品质量问题退货的时候，退款应该怎样操作才好"，法人向个人的汇款，原来需要经过汇入银行、邮政汇兑、汇款挂号信等步骤，手续烦琐。并且向银行确认账户非常费时，也有泄露个人信息的风险，如果能够简单地实现"从法人到个人"汇款，那将非常方便，这个想法成为该商业模式启动的契机。

今后，作为该商业模式的扩展，还可以将其用于电子商务的退款和返现、售票解约后的退款、伴随保险解约和变更的退款、预付款和众筹、经费交通费结算、C2C 的报酬支付、拍卖和线上自由交易买卖费用的收取等。每次交易金额限制在 10 万日元以下。

从 2018 年开始，为了顺应无现金化趋势，Seven 银行做到了用自动柜员机就可以转换电子货币或者可以用智能手机进行结算。日本政府计划从 2021 年开始解禁工资薪酬的数字化支付，这对于 Seven 银行的未来发展是一种威胁。工资是人们生活的基础，从保护劳动者的观点来看，以前原则上都是当场支付现金，少数会从银行汇款。但是，对于消费者来说，将工资直接汇入手中的智能手机直接进行结算，就省去了从银行取钱的麻烦，增加了便利性。虽然承担无现金化决算的资金转移从业者存在的信用问题依旧尚未完全得到解决，但是从全世界来看该趋势会进一步加速进展。

Seven 银行并没有完全具备现有银行的所有价值链，在这一点上，对于银行业来说属于颠覆者性质，但是从其具备银行认证和硬件设施自动柜员机这一点来说，Seven 银行属于传统金融机构性质。当数字化支付普及的时候，Seven 银行是会转换为金融行业的颠覆者，还是会作为受到认证的银行转换为防御者？这值得我们思考。

● Landscape 公司 [①]

Landscape 公司成立于 1990 年，是一家数据库营销服务公司。当初成立时，Landscape 公司是一家面向个人的广告邮寄、

---

① 2022 年 7 月，Landscape 公司更名为 uSonar 公司。——编者注

数据库营销公司，后来随着电话推销的普及，逐步建构起用于电话推销的商业体系。随后，电话推销也逐渐被电子商务替代，并且该公司开始加强提高个人信息的保护意识，于是将商业发展方向从 B2C 商务模式切换到了 B2B 商务模式。

Landscape 公司拥有的核心技能便是顾客的数据库。在 B2B 的顾客数据库行业中，有帝国数据银行和东京商工研究公司这样领先的企业，它们具备数量众多的调查员，到处奔走收集数据，积累了具有绝对优势的企业信息。但是，由于这些企业收集数据主要是为了对企业进行信用调查，因此顾客群一般是具有一定规模的民营企业，并且这些企业的主要办公场所的名称并不完善和充分，这是其弱点。

所以，Landscape 公司并不靠自己公司调查员的双脚四处奔走收集数据，而是从登记簿、电话号码簿、工商会数据、网页等公开信息中搜集数据，确认公司名称、住所以及组织的合并、废除等情况后再将数据重新整理更新，进一步汇集成一本类似一览表的小册子。该公司计划用顾客数据集成（CDI，Customer Data Integration），即提高数据信赖性的手法作为武器来创造商机。这样一来，该公司就启动了顾客数据集成事业，该公司的企业信息数据库包括 820 万家企业的信息，在日本数量最多。该公司不仅拥有企业数据还拥有该企业所在地的数据，使用它的数据库，仅通过企业名称就可以查到该企业的所有数据。根据赋予日本全国的总公司和事务所的专用号码，可以查到详细全面的数据，连很少委托帝国数据银行等进行授信调查的企业，例如营业所、行政机关、非营利组织的数据都包括在内了。

企业客户通过使用 Landscape 公司的数据库，可以更加有效地利用在公司内每天积累的分散信息。通过市场营销活动收集到的客户数据，一般都是由不同的员工分别输入的，如果整个公司都需要使用该数据，一般时间都会推后。为了让全公司都能使用该数据，需要了解过去是哪个部门的哪个人，向对方企业的哪个人进行了宣传，这时需要一份能查到详细企业信息的企业名称一览表。例如，某个销售负责人在顾客名称一栏中输入"日本电气公司"，另外的负责人输入"NEC"，而其他部门或许输入"nippon dennki"或者"nihon denki"[1]，这样在数据库上就会存在四个公司[2]，而 Landscape 公司则会将这四个名称自动归类为一家公司。还有一些容易搞错的公司名称，Landscape 公司会将这些错误自动修正，并且迅速更新公司名称的变更、合并、分公司等情况，这些都是 Landscape 公司的

---

① 日本电气公司的日文假名罗马字表述方式。——编者注

② 这四个名称都代表了同一家公司，只不过表述方式不同。——编者注

强项。

通过利用 Landscape 公司的数据库，还可以查到一些和现有交易客户具备相同属性但尚未交易的企业信息，并给客户一些推荐建议。这在企业开拓新客户方面成为有效的市场营销工具。

2015 年，Landscape 公司发布了数据云型法人客户数据集成化工具"uSonar"。Sonar 是潜水艇的音波探知装置的意思，按照字面意思就是在水下通过完善数据来帮助企业销售和市场营销的一种工具。

"uSonar"发布后，有越来越多的客户开始使用这种可以管理活动履历和日程计划的简易销售能力自动化（SFA）工具。与客户进行进一步商谈后，Landscape 公司发现客户还希望增加案件管理、关键绩效指标（KPI）管理、对应移动办公等功能。于是，虽然 Landscape 公司是一家数据库公司，但是也不得不进入本行业之外的领域与其他公司进行竞争。

与简易版销售能力自动化的"uSonar"进行竞争的企业，是销售能力自动化的销售公司以及市场营销自动化（MA）企业赛富时（Salesforce）公司、Marketo 公司、甲骨文（Oracle）公司等世界大型企业。

针对一份订单，Landscape 公司需要花时间做出预算，客户会将其预算和其他竞争企业的预算价格进行比较，另外还有客户要求专属定制服务，Landscape 公司对此头疼不已。甚至对有些客户的定制订单，该公司从开发到提供服务花费了两年之久。加上销售的人力资源有限，结果该公司在利润上不断陷入窘境。无论是销售人员还是技术开发人员都疲于应对。

另外，竞争对手企业之一的赛富时公司据说在日本国内的企业客户数量达到 10000 家以上。企业客户数量只有 600 家的 Landscape 公司如果与其正面竞争，无论是在资金还是在销售能力上都无法与之抗衡。但是，看似坚如磐石的赛富时公司也不擅长数据名称的检索。

Landscape 公司对于不使用销售能力自动化的企业做了调查，了解到它们对什么感到不满。主要是如下三个方面：

（1）需要做数据管理的销售担当者的数据输入负担大。

（2）客户数据无法集成化。

（3）客户数据随着时间的推移变得陈旧落后。

在这种情况下，Landscape 公司决定从根本上改变战略。它采取了和大型企业之间不竞争的竞争战略。从简易的销售能力自动化事业中撤退，转换为向其他公司的销售能力自动化和市场营销自动化系统提供自己公司的数据库。也就是说，转换为部分功能特殊化战略。对于这样的战略转换，已经购买该公司产品的客户表示强烈反对，销售负责人和技术人员的反对呼声也很高。但是该公司的董事长确信只有这条道路可以生存下去，所以不停地说服大家。

通过战略转换，Landscape 公司向赛富时公司提供自己公司的数据库产品，让赛富时公司克服了其名称检索上的弱点。加上 Landscape 公司也通过不和强有力的竞争对手直接对抗，与其他公司构建了双赢的关系。实际上对于大型销售能力自动化、市场营销自动化企业来说，公司名称的确认和检索工作，费时费力，是其不愿意从事的工作。另外，对于 Landscape 公司来说，通过战略转换，合作的销售能力自动化销售商也会为自己做推销。

Landscape 公司把该战略叫作"不竞争战略"。不竞争就是充分发挥和利用与合作企业之间的优势，两家公司共同进行创造。该战略转换的效果很明显。过去要花费 7 个月完成的订单如今缩短到 4 个月，2014 年完成的订单数为 29，到 2016 年增加到 45 个。并且由于不接受客户的定制订单，大幅度减少了公司内的工时数。虽然该公司失去了销售能力自动化部分，但是每家客户的订单金额却增加了，因为该公司的数据价值再次得到了顾客的认可。

现在，Landscape 公司开设了一种叫作"午餐会"（luncheon fair）的平台，将赛富时公司、Marketo 公司、微软公司、甲骨文公司、Cybozu 公司（Groupware 群组软件）等原竞争企业和其他销售能力自动化公司，以及希望引进系统的客户聚集一堂，公开、公平地进行信息交换。这可以说是不竞争战略的代表性平台。

通过向不竞争战略的转换，Landscape 公司再次以其核心部分功能取胜，从顾客那里得到了价值认可。uSonar 可以说在之前的一段时间浮出"海面"加入了激烈的竞争，但是现在又再次潜入"海中"，专注于自己公司的核心功能并将其做到了专业化。

那么，转换为不竞争战略的 Landscape 公司今后也会战无不胜地继续推进其事业发展吗？和一直以来靠调查人员到处奔走赚钱的帝国数据银行对比，该公司以公开信息为基础，建立了依据名称检索的系统并占据了优势。但是，在大数据和人工智能不断发展的今日，将公开的信息瞬间加工并能够做成检索一览的系统，拥有电话号码簿事业的 NTT 集团等许多大型企业都可以进入该领域竞争。那时，该公司网罗了中小企业、政府机关和非营利组织的数据，该数据优势能够保持到何时不得而知。当然，该公司不仅具备数据优势，还需要具备商业智慧，我认为其是不会被轻易效仿和追随的。但是，如果只靠短时期内容易被效仿的流动数据优势，数据库行业也有可能陷入残酷的价格竞争，如何将过去积累的已有数据和商业模式联结起来是解决问题的关键。该公司采取的战略如同潜水艇一样在水下潜伏，其业绩浮出水面，其未来和前途值得关注。

● 艾昆纬公司

以前在医药领域，新药厂家一般拥有从研究开发到生产、销售到售后服务的所有价值链，这是一种常识。但是，2005年由于日本政府放宽了医药限制，从审批制造药品变为审批制造销售药品，以此为契机，药品制造的业务外包变得容易起来。从这个时候开始，只负责价值链的某个部分功能的公司迅速发展起来。例如从事生物制药研发外包、生物制药合同生产的人才以及医药代表派遣公司、专业做市场销售后期调查的公司等。

在这当中，艾昆纬公司（旧称"艾美仕公司"）是1954年创立于德国的一家提供和调查药品市场数据的公司，现正在世界100多个国家和地区开展业务。艾昆纬公司于1964年成立，每年大部分药品公司都会从该公司购入价格昂贵的数据，该公司也以能长时间赚取高额利润而自豪。

2016年，美国的调查公司艾美仕市场研究公司（IMS Health）和美国药品开发委托公司昆泰（Quintiles）合并后成立了艾昆纬解决方案公司和艾昆纬研究公司。前者为日本法人进行数据提供、咨询顾问等业务，后者从事生物制药合同外包业务。

艾昆纬公司提供的数据是药品的销售数据（日本全国、县、市区、城镇水平）、制药厂家销售以及批发厂家销售的医疗设施访问状况数据、诊断和药剂的处方数据、配药处方数据。在这些数据中，销售数据是各公司在进行市场分析、衡量自己公司的市场份额时必须要参考的数据，这些数据不仅可以把握各公司的现状，在多家公司进行共同促销时，也是核算费用时不可缺少的基础数据。

艾昆纬公司的运营结构是从制药公司、药店、医院、药品批发、处方医生等230000个地方收集数据，经过数据供应商汇集到艾昆纬公司。通过这种方式就可以把握哪种药品在何时、何地、以何种方式以及为何被写进处方。

艾昆纬公司的用户是制药公司和药品批发公司等，但是今天对于制药相关公司来说，处于"没有艾昆纬公司的数据，就无法建立商业战略"的处境。几乎所有的制药相关公司都会购入艾昆纬公司的数据，艾昆纬公司无论在数据的质与量上都具备绝对优势，形成了没有新加入者参与余地的垄断地位。

近年来，艾昆纬公司以积累的丰富数据为基础，强化其咨询事业。在咨询领域，包括为其他公司提供上市时的销售政策和系列产品的组合建议等，其优越的"基于数据的咨询手法"（Evidence-based consulting）是其他咨询公司无法做到的。

● Transfer Car 公司

Transfer Car 公司是以新西兰和澳大利亚为主要事业领域的汽车租赁公司。通常汽车租赁都是以个人为对象的，但是该公司却筹划出一种特别的商业模式，即从其他的汽车租赁公司获取收入，也就是免费租车服务。个人消费者的选择如果符合指定的日期、起点、目的地、车型和需求就可以免费使用租车服务。实际上这种模式是让消费者代替汽车租赁公司进行汽车的回送业务。所谓回送，就是将汽车从汽车租赁公司的门店借出后，行驶到目的地，异地还车的业务。原来汽车都是由汽车租赁公司自己开回来的。

Transfer Car 公司将该异地还车的工作转给了个人消费者，并从汽车租赁公司那里收取少量的异地还车手续费。对于汽车租赁公司来说，比起自己把汽车开回来，不如支付较便宜的手续费，将汽车交给别人开回，还可以削减费用。

Transfer Car 公司把大多数汽车租赁公司存在的需要异地还车业务的汽车做成数据库，组合为最优的还车体系，并将该项业务委托给个人消费者。可以说这是将本应该由汽车租赁公司做的工作委托给个人消费者，并在此基础上获取利润的商业模式。

● Star Mica 公司

Star Mica 公司是专门做出租中房屋（租户还在租住中）所有者变更买卖的房地产公司，于 2006 年上市。所谓"所有者变更"就是指房屋的所有者将出租中的房屋进行售卖。

在房地产行业，这种尚在出租的房屋的出售价格会较低，并且由于牵扯到租住在该房屋的租户，可能会发生一些纠纷，因此房地产公司对该房屋的售卖往往会敬而远之。

Star Mica 公司的创始者水永政志原先在高盛集团工作，辞职创业后，于 2000 年从事不动产投资信托（REIT，Real Estate

Investment Trust）事业。但是，互联网泡沫破灭后，他创立的公司被售卖。这些经历使他领悟出必须创建一个不崩溃的体制。他还感受到了发展速度的重要性。当公司急速发展后，公司内部的管理体制如果无法跟上节奏，公司超过一定规模后大型企业就会加入竞争。风险企业需要学习抑制发展速度的重要性。于是，水永政志重新思考和修正了商业模式，于2001年成立Star Mica公司。

Star Mica公司的商业模式是"以便宜的价格购入所有者变更的公寓，等到房屋租户搬离后重新装修，再进行售卖来获取利润"的模式。

在具备金融工作经验的水永政志来看，金融和不动产很相似。他认为不动产领域中的价格偏离扭曲，其中蕴含商机。也就是说，金融领域的"套利交易"（Arbitrage）在不动产领域也是可以成立的。套利交易是指利用市场间的价格差和利率差进行交易以赚取差价。原本套利交易发生在瞬间进行的交易中，但是依照Star Mica公司的状况，需要考虑到从购入房屋到租户退房后的很长一段时间。

正在出租中的公寓价格和空置的公寓价格相比，平均便宜25%。购房者购买出租中的公寓无法立刻住进去，如果用作投资，也无法使用低利率的住房贷款。为此，购买者极少，所以价格就会比空置公寓便宜。而且即便购买者不想继续出租给他人，因为日本《租地租房法》严格保护了租户的权利，所以购买者不能将租户赶出公寓。但是，如果租户退租，公寓的价格就会恢复到和空置公寓一样，这时便产生了 25% 的差价，然而购买者却无法知道公寓的租户何时会退租。

虽然无法预测每户租户的情况，但是如果持有的公寓数量够多，大数定律就会发挥作用，可以预测到每年一定数量的租户的退租情况。为了建立这种模式，需要具备一定数量的房屋和到售卖为止一直持有不动产的资金。水永政志充分利用并发挥了他原来在高盛集团的经历，向海外投资基金说明了该商务模式的计划，在短时间内就筹集到了资金。

这样一来，就诞生了在房屋出租中获得房租收入（股利收入），在租户退租后获得售卖利润（资本收益）的混合式战略。如果租户立即退租就可以得到售卖利润，如果不退租也可以得到房租利润，也就是说，Star Mica 公司向人们具体呈现了一种无论在哪一方面碰壁都不会跌倒的商业体制。

Star Mica 公司的商业模式成功的关键，第一，集中了数量众多的优质房屋资源。该公司和三井不动产公司以及东急不动产公司等联手，从它们那里获得房屋资源，给它们支付房屋价格的 3% 作为介绍费。对于这些公司来说，将迄今敬而远之的房地产资源介绍给 Star Mica 公司并能获得房屋价格 3% 的收入，这可以说是双赢的关系。Star Mica 公司的方针是当租户退租离开后，房屋销售也交给同一家房地产商负责，因此房地产商最终合计可以得到 6% 的收入。

第二，关于购买的房地产类型，Star Mica 公司不会购买上亿日元的房地产，购买的主要是以山手线外围的 3000 万 ~ 4000 万日元的家庭式二手公寓。购买者一般不会将这些房屋用来投资，都是为了满足自我居住的需要而购入的，因此实际需求比较旺盛。

Star Mica 公司商务模式的具体流程说明如下。

（1）购入大量房产

Star Mica 公司有效利用具有大量交易事例的数据库，形成自身独特的购买智慧。虽然购买的房地产仅限于出租中的房屋，但是公司会购买不同区域、不同建造年代、不同价格区间的公寓，通过组合运用灾害、价格变动、到退租为止的时间长短，来分散所承受的风险。

（2）成为房东进行管理

对于购入的房地产，Star Mica 公司扮演房东的角色进行管理。需要拥有使大数定律成立的一定数量的房地产，Star Mica 公司现在运营的房屋数量在 3000 户以上。

（3）重新翻新后售卖

通过运营并处理大量房地产，Star Mica 公司推算出租户一般平均 3 年半就会退租离开。租户离开后的房屋，Star Mica 公司会统一进行翻新装修，再以空置房屋的价格进行销售。也就是说，该公司的商业模式可以说是"75万日元的存款在3年半内变为100万日元的定期存款"。并且关于租户退租离开后的翻新装修，因为已经统一了品质和成本，所以可以通过大量装修降低成本。

Star Mica公司的销售渠道有两个，一个是委托给大型房屋中介机构进行销售，另一个是通过本公司的销售部直接进行销售。

Star Mica公司的战略并非依靠专利权维护，而是只要有资金就可以模仿。如果是不动产行业的企业，只要具备行业从业者的人力资源和信用就比较容易进入该领域，但是几乎没有企业以相同的商业模式与其竞争，因为Star Mica公司的商业模式有很多地方都触及了不动产行业的禁忌。

对于大型不动产企业来说，第一，因为不动产行业中买房和卖房交易花费的时间和精力几乎差不多，所以投资规模越大越理想。最理想的就是做房地产开发商事业，不动产行业的企业的终极理想就是成为像三井不动产公司那样的大型房地产开发商。第二，如果进入所有者变更那样的小型市场后，既费时费力利润又少，不太划算。另外，对于中小不动产企业来说，没有足够的资金能将出租中的房地产在数年内放置不交易。特别是中小不动产企业没有渠道筹集低利率的大量资金。为此，那些转手的或者好出手的房地产更受中小不动产企业的欢迎。

从上文可以看出，作为竞争对手的不动产企业不仅不能向 Star Mica 公司的事业进军，也不会进军。

不动产行业随着规模的扩大，其商业模式也会发生改变，最终就像前文说的那样，终极理想是成为三井不动产公司那样的大型房地产开发商。但是，Star Mica 公司的战略明确规定了不做什么。第一不做海外业务。在保护租户权利薄弱的国家，该公司的商业模式无法有效运行。第二不经营房地产开发业务。第三不进行大规模集中投资。第四风险企业在走上发展道路之后，有很多会进行多元化发展，但是该公司会自我克制，这是基于新兴企业需要具备"被抑制发展"的想法。虽然之后也诞生了模仿该公司的小型企业，但是该公司认为"在这个市场中，数家公司可以维持谋生，但是太多就无法谋生了"，于是当前计划在现有市场的周边进行稳健发展。

Star Mica 公司作为不动产行业的部分功能特殊化企业，将其他不动产企业难以处理的所有者变更（出租中房屋）业务进行专业化经营，对于其他不动产公司来说也是有合作价值的企业。

● 普乐士公司

普乐士公司是三井物产公司、琵雅（PIA）公司等共同出资成立的承包动态定价业务的公司。动态定价就是指预测到需求的变化使价格发生变动，以求收入最大化的手法。根据行业的不同也被称作"收益管理"。1970 年左右，美国航空业开始采用动态定价，之后逐渐用于酒店、汽车租赁等。特别是在网络销售发展起来之后，动态定价被大范围运用。

让普乐士公司出名的是横滨水手队[①]（F. Marinos）的主场——横滨国际综合竞技场的动态定价业务。如果是统一固定价格，得到的收益如图4-4，但是通过把价格按照需求进行变动后，如图4-5那样，收益（面积）就能扩大。

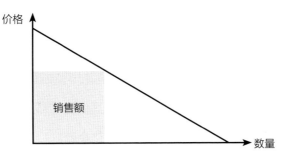

图4-4　固定价格的销售额

资料来源：笔者制作。

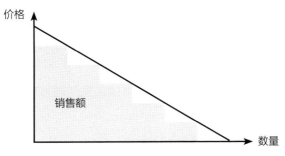

图4-5　动态定价的销售额

资料来源：笔者制作。

[①]　日本足联成员。——编者注

普乐士公司对每个座位都会参考过去比赛门票的销售数据以及近期的销售行情、天气等，进行衡量后决定价格。并且作为动态定价的附加价值，门票的转卖率也会降低。因为如果是固定价格，购入价格和转卖价格之间的差距就会变大从而诱发转卖行为，但是通过动态定价其差距就会变小，具有降低转卖行为动机的效果。现在，普乐士公司被日本职业足球甲级联赛以及多个专业棒球球队委托进行动态定价工作。

对于动态定价，也有不少像滨松花园公园那样自己控制价格的公司，但是普乐士公司仅凭从其他公司那里被委托价格设定部分的业务，成为部分功能特殊化企业。

市场制造者——添加新的功能

所谓市场制造者就是通过在竞争企业的价值链中添加新功能，为中小企业开拓市场做出贡献，提高顾客价值，创造出新市场的战略。

下面就来看一下市场制造者的企业案例吧。

● 乐天巴士服务

乐天巴士服务是通过互联网销售高速巴士车票的网站。在这个网站成立之前，顾客必须在各公司的服务窗口购买高速巴士的车票。

乐天巴士服务出现之后，既加速了大型巴士公司之间的竞争，也给予了中小巴士公司参与竞争的机会。通过乐天巴士服务网站，巴士公司提高了信息的透明度，原来高速巴士公司只需把顾客从 A 地点运送到 B 地点，仅仅是一种交通工具，现在也开始纷纷打出自己的宣传理念。不仅价格便宜了，在座位的舒适性、乘车车站的服务等方面也增加了选择性（例如更衣室、淋浴室）。

因为乐天巴士服务的对象多半是高速巴士公司，所以它掌握了全日本高速巴士车票的需求和供给的相关信息，当需求大于供给的时候，就会和那些没有启动乐天网站运营的中小巴士公司打声招呼，使整个运输量得以增加。实际上即便是繁忙期，也并非所有的巴士都投入运营。也就是说，乐天巴士服务在从事整个行业的收益管理，即通过使产品能够最佳分配和按市场需求定价来使公司提高收益。

通过管理，乘客可以按预定的时间乘坐巴士，中小巴士公司也能够提高运营率，乐天巴士服务能够得到手续费收入，从而构筑了三赢关系。

● Raksul 公司

印刷行业具备多重转包构造，工作变动量频繁，设备的平均运转率只有 5% ~ 6%，但是 Raksul 公司却致力于从事这一行业。该公司成立于 2009 年，是一家在线打印服务公司。

企业对外寻求从事印刷业务的公司时，往往会委托给熟悉的印刷公司，不会每次都因为价格合适与否而委托给不同的印刷公司。因此，Raksul 公司便开始运营网站，通过该网站可以浏览各家印刷公司的估价并进行比较。但是，当企业向网站中最便宜的印刷公司下订单后，相继发生了品质达不到预期标准的事件。另外，印刷公司也抱怨顾客的付款不能即时到账。因此，2013 年 Raksul 公司改变了战略方针，不仅代办结算业务，同时在品质方面也负起了责任。

Raksul 公司以会员的形式将 20000 多家印刷公司组织起来，将顾客下的印刷订单按照印刷类型和交货期限等分配给印刷公司。这样下订单的顾客就可以快速并且价廉地获得印刷服务，名片 100 张起就可以印刷，价格是一般价格的三分之一。因为印刷公司使用闲置的设备接受印刷工作，所以提高了设备运转率。对产能过剩的印刷公司来说，只要毛利润为正就可以接受订单并获利，因此对来自 Raksul 公司的订单不胜感激。同时 Raksul 公司也可以得到中介手续费，这对于三方来说是一举三得的事。

广告单和商品目录说明书的印刷需求具有繁忙期和闲暇期，其差距很大，因此对于印刷公司来说，能够得到来自 Raksul 公司的订单，对于提高设备运转率是有效的。虽然印刷公司反复出现人手过剩和人手不足的情况，但是顾客支付的印刷费用与季节无关。这种价格的设定来自顾客的角度，因为顾客不习惯使用多家印刷公司。

Raksul 公司虽然进入了印刷行业，但是自身却没有印刷机。其目标是让那些迄今在自己公司内部处理印刷业务，从来没有考虑过委托印刷的企业能够轻松且价廉地委托印刷公司印刷，以扩大印刷需求，并通过电视等媒体进行了广告宣传。之后，Raksul 公司不仅做一些印刷订单业务，还统一购买印刷用的墨，以低价格提供给印刷公司，并且还从事数字化的集中管理服务。

日本国内的印刷市场从整体上来看处于缩小趋势，其中在线印刷只占整体市场的 3%（2019 年），和德国的在线印刷比例 30% 相比，可以看出依旧存在很大的潜在市场。

2015 年，Raksul 公司以相同的形式开展了物流平台"Hacobell"事业，即利用网络将收到的订单分配给空闲的卡车司机。Hacobell 物流平台可以说是连接发货人和司机的匹配性服务。现在正和日本的 24000 辆运输卡车合作。

卡车的运输一般在早上和傍晚处于繁忙期，而中午会有相当多空闲的卡车。Raksul 公司注意到了这一点，将从事运输事业的个人卡车司机组织起来，用邮件通知司机运输订单的情况，可以承运的司机便可以接收订单并进行运输，Raksul 公司最后从发货人那里收取手续费。

从 2019 年开始，Raksul 公司开展了两项服务，一项是以轻便货物为对象的"Hacobell 货物"，另一项是以一般货物为对象的"Hacobell 连接"。

2020年，Raksul 公司开展了电视广告制作平台"Novasell"事业。Novasell 平台是一种以初次在电视上打广告的地方中坚企业为目标客户，制作电视广告的商务模式，通过有效利用该企业的视频和照片，削减成本，用 100 万日元左右的费用就能够制作出电视广告，这是该公司的优势。

在由于新冠肺炎疫情蔓延造成的经济萧条中，Novasell 平台却无论在销售额还是在营业利润方面都得以增长，2020 年 7月超越了物流平台 Hacobell。

可以说在 Raksul 印刷平台和 Hacobell 物流平台的事业中，该公司都成为市场制造者，通过将原来不运转的固定资产运转起来增加收益，其特点是让顾客、资产持有者、Raksul 公司三方都得到收益。

● 永旺生活公司

"永旺的葬礼"是永旺生活公司经营的丧葬业务。这是永旺公司礼品零售商品开发部想出来的方案，该开发部主要负责中元节[①]、年末等相关的礼品业务。该开发部认为，虽然中元

---

① 即盂兰盆节。在日本，人们还通常会送礼给关照过自己的人，以表谢意。——编者注

节互赠礼品和结婚典礼送礼的数量呈现下降趋势，但是今后随着老龄化的发展，对奠仪的回敬物品等会相应增加。

为此，永旺公司考虑和某家殡仪馆联合，让其提供永旺的商品作为顾客葬礼后的还礼物品，但是双方并没有达成协议。永旺公司在和殡仪馆商谈的过程中，注意到殡仪馆用来举办葬礼的场所有非常大的闲置空间。据殡仪馆说，"举办葬礼的场所只要有 30% 的使用率就可以收回成本了"。为此，永旺公司提议"那剩下闲置的 70% 我们一起合作来使用吧"，于是双方达成一致，实现了合作。以此提案为基础，永旺公司和全日本 400 家殡仪馆以及殡葬用品店签订了合约，2009 年 9 月永旺公司启动了丧葬事业。

永旺公司对该丧葬事业的做法是，首先将各家殡仪馆集中起来与之签订特约合同，以及将丧葬费用全日本统一化。关于丧葬费用，从全日本平均来看，大城市较贵，小城市便宜，永旺公司将价格尽量统一为接近于小城市费用的便宜且合适的价格。这种全日本统一价格的想法来自"无论是在北海道还是在冲绳，永旺公司的特慧优（TOPVALU）商品（自有品牌）都会以相同的价格售卖"。

原来丧葬业务一般都是套餐价格，至于套餐里包含的具体内容由殡仪馆自行决定，各不相同，并且费用也没有公开明细。而永旺公司将每个商品都明码标价，顾客可以根据自己的需要挑选并自由组合（永旺公司也会给顾客一些建议）。和顾客进行关于套餐内容选择的商谈并不在永旺公司的店铺中进行，而是集中通过电话咨询。

永旺公司启动葬礼代办业务后，从顾客那里收到许多关于需要向僧侣[①]付多少报酬的咨询。永旺公司将商品价格逐一明示后，最后没有明确标价的就是付给和尚的报酬。

永旺公司从 2010 年 5 月开始启动了葬礼中介绍和尚的"寺院介绍服务"，在官方主页公开发布了请和尚念经和赐予法名的组合产品的费用标准。永旺公司只向客户介绍那些得到日本佛教协会认可的寺院，并公开其费用标准。但是会让人们误以为永旺公司是以日本所有寺院为对象，因此日本佛教协会也表示了担心，为此永旺公司撤下了官方主页的价格公示，改为通过电话接受顾客个别的价格问询和指导。

永旺公司开展的殡仪馆业务，在大城市由于竞争激烈，因此推进得比较顺利。但是在小城市，大多数家庭会祖代相传固定使用同一家殡仪馆，有不少殡仪馆认为没有必要和永旺公司进行合作成为其特约店，因此，和殡仪馆之间签订代理店合约需要花费很长时间。

[①] 日本非常重视丧葬礼仪，葬礼一般要请和尚为逝者祈福。——编者注

　　殡仪馆成为永旺公司的特约代理店后，可以保证品质。例如，估价单会使用永旺公司的统一格式。也可以在葬礼结束后向顾客进行问卷调查，收到他们的评价。评价不好的特约代理店会接受永旺公司的培训后进行改善。

　　另外，殡仪馆和永旺公司合作的优点，第一，可以提高举办葬礼的场所的利用率。第二，通过永旺公司实施的培训，可以提高服务质量。第三，可以对外以"永旺特约店"的名义经营。

　　永旺公司的代办葬礼业务还有一个特点就是不仅可以通过网络办理，还提供许多人工服务。关于葬礼的信息通过网络发布，但是基本的流程是顾客给永旺公司打电话，首先确认寺院，然后决定合适的殡仪馆。接着殡仪馆的负责人会面对面地和顾客进行商谈，制作估价单。其格式是永旺公司的统一格式，不需要担心有事后追加的要求。然后永旺公司再通过电话向顾客确认估价单。

　　之后进行葬礼代办业务，在殡仪馆给顾客发去账单之前，永旺公司会再次检查账单内容。经过双重检查，消除了丧葬业务中常常出现的顾客对"估价单的金额和账单的金额不相符"的抱怨和不满。顾客既可以用现金也可以用永旺卡进行支付，用永旺卡进行支付时可以累积积分。

　　总额的一定比例作为介绍手续费由殡仪馆支付给永旺公

司，对于殡仪馆来说，与其闲置葬礼举办场所不如和永旺公司
合作填补闲置，获取一定的利润。

永旺公司为了招揽潜在顾客，不仅在网络上做广告，还
在永旺公司的店铺中举办研讨会、咨询商谈会、从遗照到棺木
的体验等一系列"终活"①。当初也有一些工作人员认为在购物
中心内举办有关葬礼的活动太荒唐了，但是每次都会有很多顾
客参与葬礼展示活动。

永旺公司还制定了葬礼的事先注册制度。通过网络或者
在店铺里都可以进行注册，顾客可以向相关负责人咨询是否有
想要的葬礼模式等。进行事先注册的顾客的葬礼代办业务占到
了 60%。

2014 年 9 月，永旺公司设立了专门处理葬礼代办业务的
永旺生活公司。永旺公司在经营葬礼代办事业的过程中，逐渐
发现有很多人无法在东京都内安放骨灰。于是，永旺公司启动
了一项新业务，即和寺院联合起来从事骨灰安放和永久祭奠的
合葬业务。这项业务创造了新的市场，并且没有夺走其他公司
的市场份额。

另外，永旺公司还开展了丧葬保险（永旺保险）、继承咨
询（和专门的公司合作）、遗物整理、宠物葬礼等事业，可以

———————

① 中老年人为临终做准备而参加的各种活动。——编者注

说业务还有相当大的扩展空间。

● Kosmos Berrys 公司

2021 年 5 月，销售家电产品的 Kosmos Berrys 公司的特许加盟（FC）店[①]、自由连锁（VC）[②]店以及其他门店的数量达到了 11264 家。

Kosmos Berrys 公司的前身是 1971 年成立的丰荣家电公司，2005 年以业务分割的方式，建立了 Kosmos Berrys 公司。在出资比例上亚玛达电器公司占 51%，丰荣电机公司占 49%。2008 年，Kosmos Berrys 公司完全成为亚玛达电器公司的分公司。

Kosmos Berrys 公司的理念是"量贩店与地区门店的共生"，结构如图 4-6 所示。地域销售店加盟 Kosmos Berrys 公司之后，可以以亚玛达电器公司的进货价格加上 Kosmos Berrys 公司的本部经费的价格来筹备商品，因此商品的价格也更便宜。这个价格低于地区门店从厂家进货的价格，并且无论进货数量多少，价格都一样。地区门店只需要付给 Kosmos Berrys 公司 10 万日元加盟费和每月 1 万日元会费（与进货量无关，是定额

---

① 由拥有技术和管理经验的总部，指导传授加盟店各项经营的技术经验，并收取一定比例的权利及指导费。——编者注
② 流通领域行业中若干同业店铺，以共同进货或授予特许权等方式联结起来，共享规模效益的一种经营方式和组织形式。——编者注

制）就可以享受该价格。也就是说，Kosmos Berrys 公司利用
亚玛达电器公司的购买力和背景以及店铺铺设网络创建了一
种新的商业模式。另外，Kosmos Berrys 公司自身没有开设直
营店。

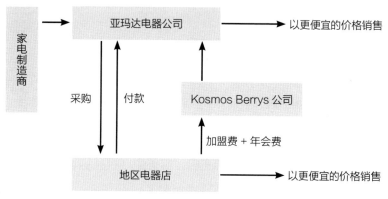

图 4-6　Kosmos Berrys 公司的结构

资料来源：笔者制作。

2014 年，全日本约有地区电器店 27000 家，在地方经济
衰退、店铺继承问题较严峻的背景下，预测今后地区电器店的
数量会减少到最繁盛时期的一半。可以说该市场中存在激烈的
竞争。

地区电器店和 Kosmos Berrys 公司联合起来具备的优势如下：

第一，即便是自己的店里没有库存，也可以将公司的门
店作为商品陈列室兼仓库来使用。多数地区电器店里的商品是
厂家系列商品，商品备货都会偏向于某个特定厂家，但是亚玛

达电器公司的商品备货不会被特定厂家所束缚，品种繁多。地区门店在两个小时以内就可以将家电配送到顾客手中。当冰箱和电饭煲等电器发生故障时，这种快捷性就成为差异化手段的强有力武器。

第二，如果使用 Kosmos Berrys 公司提供的"BFC.net"系统，地区电器店就可以确认亚玛达电器公司的门店附近三家店铺的库存状况，提高回复顾客的准确性。

第三，由于迄今为止在系列厂家进入假期休息的盂兰盆节或者年终年始时期，地区门店筹备商品会比较困难，因此会出现必须多储备一些库存，或者厂家的交货时间会推迟等问题。但是，亚玛达电器公司除元旦那天外都营业，可以同时解决以上库存和服务的问题。

亚玛达电器公司和那些看起来是竞争对手的地区电器店联手的优势如下：

第一，因为并非所有顾客都会去亚玛达电器公司那样的大型量贩店买家电商品，所以可以通过地区电器店来覆盖这些顾客。由于有很多老年人缺乏家电商品的知识，因此他们无法在大型店中与店员进行价格的交涉等。

第二，可以提供量贩店中不具备的非常细致入微的服务。例如在地区门店，因为店员和当地居民比较熟悉，所以在修理和安装等服务方面会更用心。

第三，通过增加向地区门店的销售数量，也进一步强化了亚玛达电器公司从厂家进货的购买力。

Kosmos Berrys 公司的特许加盟、自愿连锁对象不局限于地区电器店，还涉及燃料、工程建筑、施工、电子器材、商品目录邮购、搬迁等 87 种行业（2021 年 5 月）。经营的商品也不仅是家电，还拓展到智能家居、室内改造服务、太阳能发电、电动自行车、日用杂货等广泛的领域。

Kosmos Berrys 公司通过进入以经营来维持生计的小卖店的价值链中，不和地区门店进行竞争，构建出对亚玛达电器公司有利的商业机制。

● 律师网

在日本，约有 80% 的法律纠纷当事人没有进行过律师咨询，因为有很多人不好意思上门咨询律师。"律师网"作为日本最高级别的检索律师、法律咨询的门户网站，理念是"让专业人士距离您更近"，支援律师的业务。律师可以免费注册"律师网"，或者每月支付 20000 ~ 50000 日元（付费可以从"律师网"网站得到更加详细周到的介绍服务）。2020 年 10 月，注册"律师网"网站的律师超过了 20000 人，甚至日本国内半数的律师都在该网站进行了注册，有不少律师通过网站接到了工作。

在该网站上，不仅有律师的个人简介，还有咨询者对该律师的评价。该网站中的"大家的法律咨询"栏目中收到了累计超过 100 万件法律案例的咨询。有法律问题的人匿名向"大家的法律咨询"栏目投稿寻求咨询，由擅长该领域的律师实名做出回复，同时附上自己的照片和擅长的研究领域（律师免费回答来自个人的法律问题。有时针对一个问题也会有多个律师分别进行回复的情况，该网站不会给回答提问的律师支付费用）。

2005 年，律师元荣太一郎开始运营法律咨询网站"律师网"，2006 年又启动了"税理士网"网站。2014 年"律师网"网站所属的公司在东京证券交易所创业板市场上市，2015 年在日本国内废除签名章（签约时使用印章）的趋势下首次领先推出云端电子合约服务"云签名"。2016 年启动了面向律师、法务负责人的人才介绍服务。从 2017 年开始"律师网"由负责"价格网"网站的内田阳介就任首席执行官（CEO）一职。

律师以前被人们认为是社会公共服务者，追求个人利益会亵渎律师这一职业，因此日本律师联合会禁止律师进行广告宣传。但是，之后要求广告解禁的律师们呼声高涨，到了 1987 年，虽然原则上日本律师联合会仍然禁止广告宣传，但是有些例外情况已经得到解禁，2000 年以后原则上就完全放开了。2012 年，日本律师联合会要求进行广告宣传时遵守律师及律师法人、外国特别会员的广告业务相关方针，避免广告夸大事实。即便如此，当今在电视上做广告宣传的律师事务所也很少，只是针对一些经济纠纷，例如诉讼要求返还超额支付了的信用卡利息的法律案件。据说律师事务所的经营状况依旧困难，于是诞生了"律师网"网站。

律师经由"律师网"网站获得工作后，对该网站的依赖性将越强。"律师网"网站虽然只是专门针对律师业务中最初需要的宣传、市场销售功能进行专业化操作，但是随着律师对其依赖性的增强就会变得越来越离不开该网站。过去在某种行业的业务出现人手不足，或者人员不善于推销的情况下，"律师网"网站这种商业模式是有效的。前者例如前述的印刷业Raksul公司的商业模式。后者例如和律师一样需要获得资格的职业（会计师、中小企业咨询师）以及非营利组织的医院、医生、教育机构中此种商业模式也能够得到应用（也诞生了许多介绍医生的网站和介绍中小企业咨询师的网站）。

● Nupp1 公司

在共享经济不断发展的过程中，行业中出现了许多不具备硬件设备的新加入者。例如有名的优步（Uber）、爱彼迎（Airbnb）等公司以及共享停车场等，健身俱乐部行业中也开始出现了新加入者。

日本的 Nupp1 公司和多家健身俱乐部联手建立了一种共享机制，从 2019 年开始启动了日本首家面向健身俱乐部的共享服务"Nupp1 健身"。

"Nupp1 健身"服务是 Nupp1 公司在关东地区和 45 家（2020 年 3 月）健身俱乐部联手，以分钟为计算标准，共享使用俱乐部的商业模式。可以供消费者共享使用的俱乐部中还包括大型健身俱乐部 TIPNESS、NAS、RENAISSANCE、东急运动绿洲（Sports Oasis）等。

从健身俱乐部来看，健身设备是固定成本费用，当然希望更多的消费者来使用。在设备空闲的时候通过 Nupp1 公司找到使用者的话是最理想的。使用设备的消费者向 Nupp1 公司支付的费用中，Nupp1 公司收取一部分手续费后将剩下的部分支付给健身俱乐部。另外，如果消费者使用频率较多，费用超过了该健身俱乐部的每月会费，Nupp1 公司还会贴心地给消费者发邮件劝说其成为该健身俱乐部的会员。

这样的商业模式适合于分淡季和旺季的行业，在这样的行业中蕴藏着新的商机和进入该领域发展的空间。这和之前介绍的 Raksul 公司的商业模式是相同的。

打包绑定——列入其他公司商品

打包绑定就是在追加新功能的基础上，将其他公司的产品也列入自己公司的产品线，提高顾客价值的同时，对于竞争

259

对手从事的相同业务，增加其进入壁垒的方法。

以下介绍一些打包绑定的企业案例。

● 格力高公司

格力高公司曾经将装有自己公司生产的零食的自动贩卖机放置在一些场所进行销售。其中，放置在游泳学校、保龄球场、高速公路的服务区等场所的销量很好，而放置在4000 ~ 5000人规模的办公场所的销量却很差，最终撤出。

令人意外的是，在办公场所经常会在自动贩卖机购买零食的主要人群并非女性而是男性。这些零食特别受三四十岁的男性欢迎。喜欢吃零食的女性职员会去便利店购买自己喜欢的商品，而男性却很少会特意去一趟便利店购买零食。因此，对于男性来说，放置在办公场所内的自动贩卖机能够轻松方便地买到零食而大受欢迎。

但是，自动贩卖机中能买到的总是仅有的几样商品，这成为其短板。零食不是必需品，人们每天都吃同一种零食的话就容易腻，并且人们每天的心情和喜好也会发生变化。自动贩卖机提供的商品，满足不了消费者不断变化的需求。

因此，格力高公司策划出一种新方案，将不同种类的零食装入三层塑料箱子内，每周派人去补给售完的零食，每一层放置与之前不一样的零食。采取这种方法后，三周的时间里零食的种类就会变换一新，解决了零食品种单调的问题。但棘手的是如何回收钱款，该方案不花费固定成本，是基于对购买者的信任的商业模式，即购买者将购买零食的费用自觉放入青蛙形状的储钱罐中。这种商业模式据说是参考了放置在距农家很近的道路旁边的无人蔬菜销售站（大概是由于放置在办公场所，钱款回收率达到了95%以上）。这套商业模式被命名为"办公室格力高"，开始于2002年。

格力高公司在开展"办公室格力高"事业之际，做出了一个决定。就是在放置于办公场所的零食小箱子里也放入竞争对手企业的商品。自动贩卖机中只有格力高公司的商品，但是仅仅只有格力高公司的商品的话，零食的种类不够丰富。格力高公司虽然在零食行业享誉盛名，但是并没有备齐所有种类的商品生产线。例如在豆类小零食和海味系列中格力高公司的商品较少，因此决定将其他公司的商品也组合进来。

在格力高公司内部也产生了反对的声音，有人认为"难道要销售竞争对手的商品吗"，但是实际上这种商业模式带来了附加价值，即"构筑起进入壁垒"。也就是说，格力高公司的该商业模式如果进展顺利，极有可能会被有着更广泛商品生产线的大型零食厂家同质化。但是，因为通过"办公室格力高"已经能够买到其他竞争企业的商品，所以公司在内部只要设置了"办公室格力高"的零食小箱子，即便其他的零食厂家也提出相同的方案，也没有必要特意换成别的厂家的零食箱了。也就是说，加入其他公司的商品这一举措提高了用户的转换成本，也提高了竞争的进入壁垒。这里就体现出了"不竞争的竞争战略"的关键点。

下面要讲述的在文具行业中市场占有率位居第四位的普乐士公司，它成立了爱速克乐邮购公司，在早期阶段就开始经营其他公司的商品，因此，之后即便是被国誉公司以及大塚商会实施了同质化战略，原始用户也几乎没有换成其他公司，这个案例与上述战略类似。

格力高公司之后还增设了装入冰激凌的冰柜箱子，另外为了吸引消费者宣传"灾难时期的紧急食物"的必要性，不断开拓新需求。

"办公室格力高"在日本全国设置了130000处，达到了53亿日元的销售额，看到这些，全家无人便利店、Drink&Snack、办公室绿洲、cubeshop、OYATOOL等公司几乎以相同的商业模式也加入了竞争行列，不过大型的零食厂家至今尚未参与进来。

● 爱速克乐公司

想必在许多商务书中都介绍过爱速克乐公司的商业模式，大家都已经熟知。虽然文具行业的领导者企业国誉公司对其采取了同质化战略，但是并没有逆转取胜。不可忽视的理由之一就是爱速克乐公司在其商品目录中加入了其他公司的商品。

在文具行业中有一家出类拔萃的企业，那就是国誉公司。

普乐士公司考虑到不改变现有的流通结构必须要配备货架，于是在 1993 年成立了依靠商品目录进行邮购销售的爱速克乐公司。目标是将爱速克乐公司打造成一家从业人员不到 30 人的事务所，让他们到各家店铺去采购商品，业务不涉及批发。刚成立的时候，爱速克乐公司的商品目录中只刊登了普乐士公司制造的商品，厚度也比现在的薄很多。

　　但是就像第二章中介绍的那样，爱速克乐公司成立后，有顾客提出"希望也销售锦宫公司的文件夹"的要求，于是爱速克乐公司便试验性地将其刊载在商品目录里，没想到收到了大批订单。爱速克乐公司的商品目录中也有普乐士公司制造的文件夹，比锦宫公司的价格便宜，于是销售员给那些购入锦宫文件夹的顾客打去电话，劝说其购买普乐士公司制造的文件夹。但是打过电话之后，却有顾客注销了会员，终止了与爱速克乐公司之间的交易。经历过这样的遭遇，爱速克乐公司明白了顾客不只是想要文件夹，而是想要锦宫公司制造的文件夹。文件夹在被顾客购买完的瞬间并没有完全发挥其功能，而是在其中夹入文件资料，并被整齐地摆在陈列柜后才算是完全发挥了其功能。

　　爱速克乐公司明白锦宫文件夹为何如此畅销的本质之后，为了最大限度地满足顾客的愿望，领悟到商品目录中不能只刊登普乐士公司的商品，还需要在常规商品中列入其他公司的商品。之后，爱速克乐公司便开始积极地将其他公司的商品加入商品目录中一并销售，1997年爱速克乐公司销售额的75%都来自其他公司的商品。

爱速克乐公司的销售渠道不包括批发销售，因为国誉公司是实体销售渠道的领导者企业，所以无法立刻对其施加同质化战略。但是看到爱速克乐公司的飞速发展，2001年国誉公司也以包括批发业务的形式建立了通过商品目录书进行邮购销售的快买得（Kaunet）公司。实际上，快买得公司在物流和订货发货中并没有涉及批发业务，批发业务只是向小卖店提供授信功能，靠支票来转账结算。

国誉公司依靠其擅长的推销能力，利用系列小卖店开拓了用户范围，但是在销售额方面，赶不上爱速克乐公司和依靠商品目录邮购销售中占据第二位的大塚商会。

就商品目录的内容本身来看，爱速克乐公司和快买得公司几乎没有什么区别，商品种类和价格也几乎相同。反过来说，由于爱速克乐公司积极地将其他公司的商品刊登在商品目录内，因此一旦用户使用了爱速克乐公司的商品目录，就没有必要特意再去花费转换成本去国誉公司购买了。也就是说，在爱速克乐公司销售量中占四分之三的其他公司的商品，对于快买得公司来说就相当于筑起了进入该商业领域的壁垒。

之后，爱速克乐公司脱离了普乐士子公司的身份，2012

年雅虎公司成为其最大股东。在电子商务交易领域中被亚马逊公司和乐天公司遥遥领先的雅虎公司，通过这一举措实现了其依靠爱速克乐公司想要增强自己实力的动机。

雅虎公司成为最大股东后，要求将爱速克乐公司培养起来的面向个人的网络邮购"LOHACO"业务转让给自己。但是爱速克乐公司坚持继续拥有"LOHACO"业务，从而两家公司的关系恶化，导致2019年雅虎公司从爱速克乐公司的经营阵营中撤退。

● 保木医疗公司

保木医疗公司是从1961年销售医疗记录纸开始发展起来的。1964年保木医疗公司开始出售灭菌包装袋"杀菌包"，这个产品成为其之后的事业基础，其诞生为防止医院内感染做出了贡献。

保木医疗公司在1972年开始销售医用无纺布。在当时的医院里，手术服等物品会在手术之后经过洗涤再次使用，既费事又存在感染的风险。因此保木医疗公司开发了一次性的手术用白大褂、帽子等，杜绝了二次感染（现在几乎所有的手术服装使用的都是一次性用品）。

保木医疗公司1994年开始开发和出售手术配套产品，进一步扩大了事业范围。这是将手术中使用的一次性医疗材料组合起来配套出售的产品，大幅度减少了手术前的准备时间，也为防止人为误差、感染，甚至改善手术的收益方面做出了贡献。之前护士需要一边看着手术用品一览表一边汇总手术中需要的材料，在选择所需材料时，大多数护士凭借的是经验和感觉。为了做好这项准备，几个熟练的护士来做也需要花费几个小时。

该手术配套产品中不仅包括保木医疗公司的无纺布，还包括泰尔茂公司的注射器、美国辉瑞公司的手术刀、美国强生公司的缝合线等其他公司的产品。说起产品配套化，人们或许认为只要将各个材料组合在一起打包就可以了。但是，即使每个单品都获得了日本《药事法》的许可，将其产品配套化之后就会被看作是另一种商品，必须再作为新的产品重新申请许可，因此其他公司无法轻易进入该产品的市场领域进行竞争。

关于产品配套化，保木医疗公司进行差异化战略的武器是杀菌技术。保木医疗公司采取的杀菌方式叫作电子线杀菌，需要花费巨额资金进行设备投资。和以前的环氧乙烷灭菌方式相比，该方式可以短时间内大量杀菌，没有毒性残留，不会造成环境污染。以当时的保木医疗公司的规模来看，对电子线杀菌的投资就像是赌上了整个公司的前途和未来，正是这项决策构筑了今天的保木医疗公司的绝对优势地位。

保木医疗公司为了进一步发展配套产品，现在专注于从事从2004年开始启动的"歌剧大师"（Opera Master）事业。

"歌剧大师"事业由医疗材料、物流、信息管理系统三个方面构成，对提高医院的经营效率有所贡献。如果说配套产品的主要目的是减轻护士的工作量，那么"歌剧大师"的主要目标就是提高手术室的运转效率。

被配套化的产品从下订单开始计算，最短 5 天可以到货，有效减少了医院的库存。保木医疗公司还会分析手术室的使用时间、材料的使用状况、医务人员的配置等，将该信息提供给医院，为改善手术室整体的收益做出贡献。

在日本共有 8255 家医院（2020 年 6 月），"歌剧大师"的主要目标对象是经常做大型手术的排名前 1000 位的医院。

以前护士和医生会分别担任手术价值链中的各项工作流程，但是保木医疗公司通过产品配套化彻底实现了手术的效率化操作，防止出现人为失误，并且实现了彻底灭菌。

保木医疗公司通过"歌剧大师"项目不仅提高了每台手术的效率，还对原本不透明的手术室进行了成本管理，甚至踏出了支持医院经营管理的第一步。在配套产品的时代，保木医疗公司主要向护士销售产品，但是后来通过"歌剧大师"项目增加了与医院总务科负责人和院长对话的机会。为此，原来只靠材料知识进行推销的职员中就出现了一些跟不上新方针的人。

作为材料厂商站在公司的立场给医院的经营管理提建议

的话，保木医疗公司认为医院恐怕难以接受，于是该公司便以一直以来积累的数据为立足点，希望给医院提出好的经营改革方案。

未来当保木医疗公司积累了大量日本大医院的手术室数据，就可以说他们掌握了相关方面的知识和信息，也有潜力发展成之前讲述的医药行业的艾昆纬公司那样的大型公司。

虽然有日本《药事法》认证的壁垒，但是配套产品事业不是只靠认证就可以守卫的。作为直接竞争的企业，在日本国内的日本医疗产品公司、丽护多（Livedo）公司，外资企业麦朗（Medline）公司等，这些公司都在通过打出比保木医疗公司更低的价格战略来与之竞争。对此，保木医疗公司并没有以价格来对抗，而是依靠前述所掌握的"歌剧大师"的信息来实施差异化战略。

另外，泰尔茂公司以及尼普洛公司等医疗材料厂家也有可能参与配套产品事业。泰尔茂公司在医用导管等领域经营"解决方案包"的配套产品，该公司原本是材料厂商，在自己擅长的领域具有优势地位，因此没有在所有的诊疗领域开展业务。反过来，保木医疗公司的业务起先是从无纺布领域展开的，该领域并不是其专业特长的领域，因此可以在整个诊疗领域铺开业务，形成自己独特的优势。

对于其他的医疗材料厂商来说，自己的产品如果被组合进保木医疗公司的配套产品中，就不用特意再去医院进行推销了。特别是业务推销能力薄弱的中坚材料厂商，和保木医疗公司之间合作就构成了双赢关系。

但是，最近出现了一些其他行业的新的竞争对手。2021年，伴随新冠肺炎疫情的蔓延，富士通公司看到医院手术室的运转率低，开发出了手术室运转率可视化系统。富士通公司有可能用不同于以前的竞争供应者的方法，来攻占保木医疗公司的城堡。

从协作战略企业案例中得到的启示

协作战略是将价值链的一部分功能特殊专业化，构筑起不竞争战略。但是，如果以扩大销售量为目的来拓展功能的前后范围，就会和一些提供相关功能的企业相互蚕食，或者夺取对方企业的附加价值，无法形成协作关系。

因此，要想通过协作战略来发展企业，就不要拓展功能的前后范围，最理想的是使能够进入价值链中的企业数量增加，或者增加进入自己价值链中的企业数量，在这一部分建立垄断。已经实现这一点的就是艾昆纬公司和雷考夫公司。

当具有同种商业模式的企业存在的时候，就需要在竞争中取胜，减少竞争对手企业的数量，才能稳定不竞争的竞争战略。这也是本书开头描述的"同一商业模式间，竞争是有必要的"的例子。

本章的企业案例大多来自服务业，他们都是从价值链的视点思考协作战略的。

关于部分功能特殊化企业，英特尔、基恩士、罗姆（ROHM）半导体[①]、广濑（HIROSE）电机[②]、万宝至马达[③]（Mabuchi Motor）等企业采取的商业战略事实上也接近于不竞争的竞争战略，但是这些企业会从竞争企业那里购买零部件，这只是平常商业交易的一个环节，而协作并非意味着从竞争企业那里购买零部件，因此本书没有涉及这些企业。另外，本章作为厂商的案例列举了美国通用电气公司的例子，在这个案例中与其说是向竞争企业提供零部件，不如说更接近于向其他公司提供维护保养和服务。

---

① 全球知名的半导体厂商。——编者注
② 世界排名领先的精密连接器制造厂商。——编者注
③ 日本微型马达研发、生产与销售企业。——编者注

第五章

不竞争的竞争战略的未来

最后，让我们来总结一下不竞争的竞争战略今后的课题。

不竞争企业之间的竞争

作为短期课题来看，可以举出不竞争企业之间的竞争激化问题。不竞争的竞争战略就是针对现有行业中的领导者企业，构筑与其不竞争的地位。但是，采取不竞争的竞争战略的企业如果只有一家，就会维持没有竞争的状态，而采取相同战略的企业如果有多家，这些企业之间就会产生竞争。这就是近来增加的不竞争企业之间的竞争。

采取利基战略的时候，由于原本市场规模就小，新加入的企业数量不会继续无限增加。如果好几十家企业都能够共存，该市场也就不是利基市场了。采取不竞争战略的企业之间的竞争趋于激烈这种情况一般发生在反同质化战略和协作战略的场合。特别是第一章叙述的那样，在业务分工不断深化的过程中，采取协作战略的企业之间的竞争可能会趋于激化，令人担忧。

以下就来看一下美食外卖服务、来店型保险商店的企业案例。

● 美食外卖服务

美食外卖服务是当初担任餐饮业配送功能的企业建立的服务模式。从本书的分类来看，是属于采取了协作战略的部分功能特殊化企业。

在业务扩大的过程中，以前只堂食不配送的大型连锁餐饮店也成为其客户。日本以新冠肺炎疫情的蔓延为契机，大型连锁餐饮店纷纷通过外卖公司来进行配送，弥补了其减少的销售量。但是，在外卖服务市场扩大的过程中，日本也诞生了和老字号的出前馆、优步美食等采用相同商务模式的竞争企业。

美食外卖服务企业从部分功能特殊化企业变身为大型连锁餐饮店开拓新市场的市场制造者，当今外卖配送企业之间面临激烈的竞争。美食外卖服务说得极端一点，它仅仅是搬运服务，和其他企业之间难以靠差异化战略拉开差距，也不得不面临价格竞争，迟早会由于激烈的竞争陆续有企业被淘汰。

● 来店型保险商店

下面用前文介绍过的企业案例来说明来店型保险商店这种商业模式。来店型保险商店经营的保险类型既有专属保险销售人员上门拜访顾客推销的人寿保险，也有在零售店里处理和接待的多个保险公司的各种保险，这些形式产生于不竞争的战略，是一种绑定了多家公司营业销售功能的部分功能特殊化企业。

1995 年"保险之窗"公司成立，该公司迄今经营销售着四十多家保险公司的生命损失保险。保险商店以中立的立场接纳那些希望对各家保险公司的保险做比较的客户群，并不断增加自己的店铺数量。但是随着保险商店人气的高涨，"保险重新配置总店"公司、"安心保险一条龙"公司、"保险诊断"公司等采取相同商务模式的企业也大量进入该市场。

另外，2013 年，迄今一直依赖于保险销售人员推销保险的住友生命保险公司，接受了"保险之窗"公司的第三方定向增发配股，成为其第三位股东。2015 年，日本生命保险公司收购了"保险之窗"的子公司生活广场合作伙伴（Life plaza partners）公司，2017 年收购了"保险 110 号"公司。

上述这些新的属于部分功能特殊化企业的保险商店，伴随相同商业模式企业之间的竞争激化，传统型的配有保险销售人员的生命保险公司也对其进行了投资，其当初的中立立场被动摇了。

如上所述，好不容易建立的不竞争战略，由于新加入者之间的同质化竞争，立即被红海化的现象常常发生。

新版《蓝海战略》（2015 年）中提到了模仿蓝海企业的行为，并且提出以下四点作为壁垒来防御该模仿行为。

（1）整合性的壁垒：通过将价值提案、利益提案、人才提案以差异化和低成本为主线进行整合，提高其战略的持续性。

（2）意识和组织的壁垒：为了进行模仿必须要大幅度改变现有的业务常规和旧习。

（3）品牌的壁垒：模仿后会损失现有的品牌形象（相当于反同质化战略）。

（4）经济和法规的壁垒：当市场过小的两家公司无法并存的时候，还有网络效应发挥作用的场合和具备特许、许可证等场合。

即便具备了以上壁垒，也有可能出现模仿者。为此，第一，尽可能地延缓模仿者的反击。有一些实证研究，例如"其他公司同质化的延迟有利于自己公司的发展""对先行者的追随越晚，自己公司[1]的发展就会越发恶化"，证明了延缓追随会直接影响到公司业绩。作为具体的战略，最有效的是对于顾客来说提高其转换到其他公司产品的成本，自己公司要弥补产品空隙并提高产品的规模经济性。对于竞争，有效方法是阻止追随者利用销售渠道、占有替代技术和知识、加强和供给业者之间的合作等。总之，重要的是要延后追随者的同质化行为，长久保持先发制人的优势地位。

第二，不仅要稳固防守，也要不断发展自己公司的业务和业务组合。单一的蓝海事业中，目标是创造下一个新市场。

———————————

① 追随者。

竞争企业的价值曲线如果越来越接近于自己公司（也就是说其他的竞争企业模仿程度越来越高）的时候，重要的就是创造新的价值，也就是大幅度提高买方和自己公司的价值，开拓出新的没有竞争的未知市场空间。

另外，多元化发展的企业，对于多种事业，例如先驱事业（提供前所未有的巨大价值的事业）、过渡性事业（位于先驱事业和安于现状的事业中间）、安于现状的事业（在现有的红海中不进不退的事业），需要时常改变其事业的组合搭配，使其达到平衡。

不竞争的竞争战略的课题

下面来探讨一下不竞争的竞争战略中的中长期课题。

积极推进的必要性

如第一章所述，不竞争的竞争战略的精华在于"分离（分栖）"和"统合（共存）"。作为具体的战略，本书举出了三种战略，即利基战略、反同质化战略、协作战略（见图5-1）。

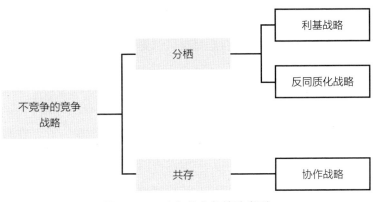

图 5-1 不竞争的竞争战略类型

资料来源：笔者制作。

提到"不竞争的竞争战略"，人们或许会认为是一种想要逃避激烈竞争的消极战略。但是通过本书的讲述，我想大家应该可以理解到不竞争战略实际上是一种采取主动的积极战略。在本书介绍的利基战略中，为了不被领导者企业追随（同质化），需要经常磨炼自己的技术；为了不让领导者企业加入市场竞争，还需要一边控制市场规模一边发展，这些细节的掌握都是非常重要的。为了不与领导者企业竞争而躲进小市场发展，形成不了长期可持续发展的利基战略。

在反同质化战略中，重要的是找出将领导者企业优势变为弱势的要因，并夺取先机先发制人。如果被领导者企业克服了自身企业的相互蚕食（事业的相互蚕食），反同质化战略就失去了效果。例如过去在纸质媒体中占据首位的瑞可利集团，自身积极主动转换为发展网络事业，克服了自身事业相互蚕食的不利因素。于是那些有意对瑞可利集团采取不竞争战略的企业，就必须先发制人，实施被纸质媒体的负债化所替代的下一个资产的负债化战略。

最后的协作战略是进入对方企业的价值链中，或者在自己公司的价值链中添加组合其他公司的功能和产品等，如果影响和推动不了其他公司发展，该战略也无法成立。

在利基战略中，虽然追求的是彻底的封闭性战略，但是在协作战略中，并非将所有都公开，而是必须实施将引诱竞争企业的部分（open）和自己公司赚取利润的部分（closed）搭配组合起来的"既开放又封闭的战略"。然而这样的"既开放又封闭的战略"，依靠日本企业一直以来擅长的"边奔跑边思考的做法"是无法构筑的，日本企业应该在启动事业之际就提前确立明确的商业模式。

三大战略的课题

最后，作为本书的结尾，我总结一下在实施三大不竞争的竞争战略时遇到的难题以及对应的克服办法。

1.利基战略的课题

关于利基战略，我们需要注意成功后的报复和评价标准。

通过利基战略取得成功后，企业为了扩大销售额，往往会倾向于放松"利基度"来扩展经营资源而降低利润率，此担心在第二章我也提到过。就像汽车企业本田公司和咖啡店星巴克公司那样，通过短时间内迅速积累资源，从利基企业转身为挑战者企业，这也是一种生存之道，但是在资源积累得不够充分的时候就扩大战线，利基企业就存在一定的危险性，有可能会跌落为在经营资源的质和量都薄弱的追随者企业。

例如，过去在东海地区，Circle K 公司 [①] 作为空间利基企业，仅限于在东海地区设立分店，是一家经营状况良好的企业。但是 Circle K 公司在 2004 年和 Sunkus 公司 [②] 合并后建立了 Circle Ksunkus 公司，成为全国规模性的企业。然而之后却被 7-11、罗森、全家三家强有力的企业遥遥领先，最终沦为追随者企业。也就是如波特所说，企业的规模陷入了中间（Stuck-in-the-Middle）的尴尬境地。2016 年，由于 Circle Ksunkus 公司被母公司生活创库公司（UNY group Holdings）和全家公司统一经营，改为全家的品牌并关闭了自己的店铺。

在事业成功的同时往往会放松利基度，这不仅是经营者，也是公司内部评价标准的倾向，为此有必要好好讨论一

---

① 连锁式便利商店集团。——编者注
② 连锁便利店。——编者注

下"正确评价自己公司的利基战略的标准是什么"。迄今为止，日本企业普遍采用的销售额、销售额增加情况、销售额增长率、预算比例、订货额、订货余额、市场份额（金额或者数量）等标准，或许更适合领导者企业或者挑战者企业。

但是，对于利基企业，比起上述标准，应该更加重视总利润率、营业利润率、顾客占有率、顾客回头率、顾客满意度、精神份额（在顾客心目中所占据的特定品牌的占有率，多以纯回忆率为指标）等指标。因为企业即便是以利基战略为目标，评价标准如果是适用于领导者企业，在企业内就无法得以评价，利基度就会松动。

2. 反同质化战略的课题

关于反同质化战略，随着环境的变化资产和负债也在不断变化，成为负债的资源再次变为资产后有时也会二度花开。正如奥赛罗棋（黑白棋）中一招就可以逆转黑白一样。

例如，对于拥有大量销售人员的人寿保险公司来说，生命网保险公司具有固定费用低、保险费用比较便宜的优势，领导者企业无法将其同质化。但是当发生东日本大地震这样巨大的环境变化时，拥有大量销售人员的人寿保险公司可以利用销售人员的力量，比生命网保险公司更为迅速地确认了顾客名单，这也是现实。

松下公司的连锁店也有被大型量贩店挤压，濒临"负债"

的时期，当模拟电视①被停用，地面数字电视广播被大众需求之际，以小城市的老年人为主体，从电器店购买电视的人比较多，于是就可以充分发挥电器店的店主能去顾客家拜访这个优势。在老龄化社会中，以老年人为对象的呵护型家电销售模式，可以近距离接触顾客的电器店就会比量贩店具有更大的优势。

如上所述，当资产成为负债时并不意味着结束，领导者企业会努力将"负债"再度转变为"资产"。为此，在尚未完结的奥赛罗棋持续进行的前提下，必须要在环境变化中抢夺先机。

3.协作战略的课题

关于协作战略，难点在于认清并找出企业自身的核心竞争力，即以什么作为和其他公司企业的武器。自己一直坚信的核心竞争力真的能成为合作的武器吗？关于这个问题一般不进行实际操作的话无法知晓。

假设一个企业案例，小松公司对外销售一种可以掌握配置在世界各地的建筑机备情况的"KOMTRAX"系统，于是美国卡特彼勒（Caterpillar）公司②、日立建机公司、神钢（KOBELCO）建机公司等一同引进并加以购买，KOMTRAX 系

---

① 通过模拟数字信号转化为图像的形式。——编者注
② 世界最大的工程机械、矿山设备、燃气发动机、工业用燃气轮机、柴油机生产厂商之一。——编者注

统或许会作为技术专业能力提供者成为一项可以获取收益的事业。反过来说，对于美国通用电气公司筹划的 Predix 平台的对外开放业务，如果没有大量企业参与并加以积极运用，Predix平台也不能成为专业能力提供者了。

为了向外部销售核心竞争力，公司必须正确理解什么才是自己真正的核心竞争力。即便自认为是核心竞争力的产品，但是其他公司全都不想购买，该产品就没有自己公司内部想象的那样厉害，也有一些企业没有意识到自己的某些服务和产品是核心竞争力。

英国最大的公共事业（燃气、电力）供应和服务企业森特理克（Centrica）公司的核心技术能力就是从其他竞争企业那里得知的。国营的英国天然气（British Gas）公司民营化后，将制造业务和销售业务分离，作为销售业务的承担者成立了森特理克公司。民营化的同时，英国石油公司、壳牌石油公司等以能源支配力为武器加入燃气供应事业，开始了价格竞争战略。

森特理克公司一时间被这些企业夺去了市场份额，但是被这些石油公司夺去的大部分顾客最后又回到了森特理克公司。因为顾客希望得到的不仅是便宜的价格。石油公司的价格虽然便宜，但是在每家每户的查表以及费用结算方面并不灵活，造成了许多结算错误，为此顾客的投诉和抱怨不断。

森特理克公司从国营时期就承担费用结算业务，但是它并没有把这项业务看作竞争的武器。当从竞争对手那里得知了自己具备的优势后，在"关注基础民生"的口号下，森特理克公司以费用结算体系为业务中心，也参与了信用卡、保险等金融服务事业中。该公司的核心竞争力不仅是供应和销售天然气，还有准确的结算服务。

之后，森特理克公司以顾客能够自助选择的形式为顾客提供天然气、水、电和生活周边服务。现在，森特理克公司伞下的企业是英国最大的电力公司，在天然气领域也占据着首位的市场份额。该公司的基本业务虽然是能源供应，但是其销售额的 20% 左右却是保养、保险等附加服务，对于那些对价格敏感的顾客，该公司提供"紧急时刻的安心"的价值。这些附加服务的营业利润率是 15% ~ 20%，超过了能源供应业务的利润率。

在日本，某些企业也宣称自己"在大量收购和统合了地方燃气公司的基础上，将燃气业务分离并出售，如果掌握了结算服务，就能够实现以比信用卡公司更加便宜的手续费来扣费的业务模式"，但是最终并未实现。

最近，随着高速公路和机场被民营化，这些公司也在重新思考自己的核心竞争力是什么。于是，中日本高速公路公司将停车区域和服务区域改头换面，建设为综合商业设施，将单纯的休憩区进行"目的地化"。其核心竞争力就是停车区域和服务区域独一无二的位置优势。东京成田国际机场也在旅客进行完出国安检后的滞留区域开设了免税店商业街，大幅度增加了其销售额。东京成田国际机场运用了其独特的地理位置优势，引导那些在时间上、经济上宽裕的顾客进行购买行为。

"什么是自己的核心竞争力"，这个问题公司在自己熟悉的日常业务中往往找不到答案。在思考"我们公司的核心竞争力是什么"的时候，通常公司内部的人都不知该如何作答，让自己公司里的人来思考这个问题，他们会倾向于从自己公司的角度来思考。核心竞争力更应该从顾客、竞争的角度来探究。

如上所述，三个战略中都有未能解决的问题。我希望非领导者企业中的大多数企业能够构筑起不竞争的竞争战略，从互相争夺微薄利润的同质化竞争中脱离，期待这些企业今后能够持续保持较高的收益率，健康运营。

本书不仅收集了一些信息公开的企业案例，还通过采访完善和细化了本书内容。承蒙保木医疗、科斯莫石油、Pronexus、耐贝医药、小林制药、乐天巴士服务、星野度假村、爱速客乐、QB Net、永旺生活、瑞可利、索尼损失保险、宝岛社、SRE 控股公司、Landscape、艾昆纬、Star Mica、RAKSUL、Curves、赤城乳业、Kosmos Berrys、生命网保险、日本戈尔特斯、YAMASA Chikuwa、Soracom、ELP（排名不分先后）等企业的关照，对此表示由衷的感谢。

此次还得到了担任编辑工作的日经 BP 出版社经济新闻出版本部的小谷雅俊，原稿审阅并做出犀利点评的富田健司（同志社大学）以及担任信息检索原稿输入和校正的秋山直子，负责信息检索的佐藤由里等人士的辛勤协助，并且也得到了商务学校的学生辻拓史、冈田泰范的诸多关照。

再次由衷表示感谢。

Abell D. F. and J.S.Hammond（1979）Strategic Marketing Planning，Prentice-Hall（片岡一郎・古川公成・滝沢 茂・嶋口充輝・和田充夫訳（1982）『戦略市場計画』ダイヤモンド社）

赤西仁之（1992）「リーダー企業の対ニッチャー企業戦略」『マーケティング・ジャーナル』第 12 巻、第 2 号

オールウェイズ研究会編、青井倫一・矢作恒雄・和田充夫・嶋口充輝（1989）『リーダー企業の興亡』ダイヤモンド社

青島矢一・加藤俊彦（2003）『競争戦略論』東洋経済新聞社

淺羽 茂（1995）『競争と協力の戦略』有斐閣

淺羽 茂（1998）「競争と協力―ネットワーク外部性が働く市場での戦略」『組織科学』第 31 巻、第 4 号

淺羽 茂（2002）『日本企業の競争原理』東洋経済新報社

淺羽 茂（2004）『経営戦略の経済学』日本評論社

Bantel K.（2006）High Tech，High Performance:The Synergy of Niche Strategy and Planning Focus in Technological Entrepreneurial Firms，in Dalgic T.（ed.）*Handbook of Niche Marketing:Principles and Practice*，Haworth Press

Bensen S. M. and J. Farrel（1994）Choosing How to Compete:Strategies and Tactics in Standardization，*Journal of Economic Perspectives*，Vol.8，No.2.

Bloom P. N. and P. Kotler（1975）Strategies for High Market-Share Companies，*Harvard Business Review*，Nov.-Dec.

Bonoma T. V.（1981）Market Success can breed 'Marketing Inertia,'*Harvard Business Review*，Sept.-Oct.（椙岡良之訳〈1982〉「マー

ケティング惰性」『ダイヤモンド・ハーバード・ビジネス』Jan.–Feb.）

Brandenburger A. M. and B. J. Nalebuff（1996）*Co–opetition*，Doubleday（嶋津祐一・東田啓作訳（1997）『コーペティション経営』日本経済新聞社）

Buzzel R. D. and B.T.Gale（1987）*The PIMS Principles*，Free Press（和田充夫＋87戦略研究会訳〈1988〉『新PIMSの戦略原則』ダイヤモンド社）

Christensen C. M. and R. S. Rosenbloom（1995）Explaining the Attacker's Advantage:Technological Paradigms，Organizational Dynamics，and the Value Network，*Research Policy*，Vol.24，No.2

Christensen C.M.（1997）*The Innovator's Dilemma*，Harvard Business School Press（伊豆原 弓訳〈2000〉『イノベーションのジレンマ（増補改訂版）』翔泳社）

Christensen C. M. and M. E. Roynor（2003）*The Innovator's Solution*，Harvard Business School Press（玉田俊平太監修・桜井祐子訳〈2003〉『イノベーションへの解』翔泳社）

Dalgic T. and M. Leeuw（1994）Niche Marketing Revisited:Concept，Applications and Some European Cases，*European Journal of Marketing*，Vol.28，No.4

David P.（1985）CLIO and the Economics of QWERTY，*American Economic Review*:Papers and Proceedings，Vol.75，No.2

de Bary H. A.（1879）*Die Erscheinung der Symbiose: Vortrag gehalten auf der Versammlung Deutscher Naturforscher und Aerzte zu Cassel*，Verlag an Karl J. Trübner

Evans P. and S. W. Thomas（1999）Blown to Bits:*How the New Economics of Information Tranforms Strategy*，Harvard Business School Press（ボストン・コンサルティング・グループ訳〈1999〉『ネット資本主義の企業戦

略』ダイヤモンド社）

Farrell J. and G. Saloner（1988）Coordination through Committees and Markets，*The RAND Journal of Economics*，Vol.19，No.2

Festinger L.（1957）*A Theory of Cognitive Dissonance*，Row Peterson（末永俊郎監訳〈1965〉『認知的不協和の理論』誠信書房）

Foster R. N.（1986）*Innovation:The Attacker's Advantage*，Summit Books（大前研一訳〈1987〉『イノベーション』TBSブリタニカ）

Fyall A. and B. Garrod（2005）Tourism Marketing:*A Collaborative Approach*，Channel View Publications

Ghemawat P.（1991）*Commitment*:The Dynamic of Strategy，Free Press

Greenwald B. C. and J. Kahn（2005）*Competition Demystified*，Portfolio（辻谷一美訳〈2012〉『競争戦略の謎を解く』ダイヤモンド社）

Grindley P.（1995），*Standards Strategy and Policy*，Oxford University Press

Grinnell J.（1924）Geography and Evolution，*Ecology*，No.5

Hagel Ⅲ J. and M.Singer（1999 Unbundling the Corporation，*Harvard Business Review*，Mar.–Apr.（中島由利訳〈2000〉「アンバンドリング：大企業が解体されるとき」『ダイヤモンド・ハーバード・ビジネス』Apr.–May）

Hamel G. Yves L. Doz and C. K. Prahalad（1989）Collaborate with Your Competitors–and Win，*Harvard Business Review*，Jan.–Feb.（小林薫訳〈1989〉「ライバルとの戦略的提携で勝つ方法」『ダイヤモンド・ハーバード・ビジネス』Apr.–May）

Hamel G. and C. K. Prahalad（1994）Competing for the Future，*Harvard Business School Press*.（一條和生訳〈1995〉『コア・コンピタンス経営』日本経済新聞社）

Hamel G.（2000）Leading the Revolution、*Harvard Business School*

Press,（鈴木主悦・福嶋俊造訳〈2001〉『リーディング・ザ・レボリューション』日本経済新聞社）

Hannan M. T. and J. Freeman（1977）The Population Ecology of Organizations, *American Journal of Sociology*, Vol.82, Issue5

原田 勉（2000）『ケースで読む競争逆転の経営戦略』東洋経済新報社

林 紘一郎（1998）『ネットワーキング：情報社会の経済学』NTT出版

Hutchinson G. E.（1957）Concluding Remarks, *Cold Spring Harbor Symposia on Quantitative Biology*, No.22

稲垣栄洋（2014）『弱者の戦略』新潮社

井上達彦（2006）『収益エンジンの論理』白桃書房

井上達彦（2012）『模倣の経営学』日経 BP

伊丹敬之＋伊丹研究室（1988）『逆転のダイナミズム：日米半導体産業の比較研究』NTT 出版

伊丹敬之・西野和美編著（2004）『ケースブック　経営戦略の論理』日本経済新聞社

伊丹敬之編著（2006）『日米企業の利益率格差』有斐閣

伊丹敬之（2012）『経営戦略の論理　第 4 版』日本経済新聞出版

伊丹敬之（2014）『孫子に経営を読む』日本経済新聞出版

Johnson M. W.（2010）*Seizing the White Space:Business Model Innovation for Growth and Renewal*, Harvard Business Press（池村千秋訳〈2011〉『ホワイトスペース戦略』阪急コミュニケーションズ）

Kalyanaram G., W. T. Robinson and G.L.Urban（1995）Order of Market Entry: Established Empirical Generations, Emerging Empirical Generations, and Future Research, *Marketing Science*, Vol.14, No.3

金谷 治訳注（2000）『新訂　孫子』岩波書店

加登 豊（1989）『管理会計研究の系譜』税務経理協会

Kim W. C. and R. Mauborgne（2005）*Blue Ocean Strategy: How to Create Uncontested Market Space and Make the Competition Irrelevant*，Harvard Business School Press（有賀裕子訳〈2005〉『ブルー・オーシャン戦略』ランダムハウス講談社）

Kim W. C. and R. Mauborgne（2015）*Blue Ocean Strategy: Expanded Edition*，Harvard Business School Publishing（入山章栄監訳、有賀裕子訳〈2015〉『新版：ブルー・オーシャン戦略』ダイヤモンド社）

Kotler P.（1980）Marketing Management:4th Edition，Prentice-Hall（村田昭治監修、小坂 恕、疋田 聰、三村優美子訳〈1983〉『マーケティング・マネジメント　第4版』プレジデント社）

Kotler P.（1988）*Marketing Management:6th Edition*，Prentice-Hall

Kotler P.（1991）*Marketing Management:7th Edition*，Prentice-Hall（村田昭治監修、小坂 恕、疋田 聰、三村優美子訳〈1996〉『マーケティング・マネジメント　第7版』プレジデント社）

Kotler P. and G. Armstrong（2001）*Principles of Marketing:9th Edition* Prentice-Hall（和田充夫監訳〈2003〉『マーケティング原理　第9版』ダイヤモンド社）

Kotler P.（2003）*Marketing Management, 11th Edition.*，Prentice-Hall

Kotler P. and G. Armstrong（2012）*Principles of Marketing, 14th Edition, Pearson Education*（上川典子・丸田素子訳〈2014〉『コトラー、アームストロング、恩藏のマーケティング原理』丸善）

熊沢由弘（2019）「少額短期保険の動向」『共済総合研究』JA共済研究所、第79号

楠木 建（2006）「次元の見えない差別化」『一橋ビジネスレビュー』第53巻、第4号

楠木 建（2010）『ストーリーとしての競争戦略』東洋経済新報社

Lee H., K. G. Smith, C. M. Grimm and A. Schomburg（2000）Timing, Order and Durability of New Product Advantages with Imitation, *Strategic Management Journal* Vo.21, No.1

Louks J. M., J. Macanlay, A. Noronha and M. Wade（2016）*Digital Vortex*, IMD（根来龍之監訳、武藤陽生・デジタルビジネス・イノベーションセンター訳〈2017〉『対デジタル・ディスラプター戦略』日本経済新聞出版）

丸山謙治（2008）『競合と戦わずして勝つ戦略』日本能率協会マネジメントセンター

McClelland D. C.（1961）*The Achieving Society*, Free Press（林 保監訳〈1971〉『達成動機』産業能率短期大学出版部）

Miles R. E. and C. C. Show（1978）*Organizational Strategy, and Process*, MacGraw-Hill（土屋守章・内野 崇・中野 工訳〈1983〉『戦略型経営』ダイヤモンド社）

Miller R. and K. Washington（2009）*Customer Marketing 2009*, Richard K. Miller&Associates

三品和広（2004）『戦略不全の論理』東洋経済新報社

御立尚資（2003）『戦略「脳」を鍛える』東洋経済新報社

水越 豊（2003）『BCG 戦略コンセプト』ダイヤモンド社

宮副謙司編著（2015）『ケースに学ぶ青山企業のマーケティング戦略』中央経済社

守屋 淳（2014）『最高の戦略教科書　孫子』日本経済新聞出版社

村山貴俊（2011）「ニッチ戦略とは何か？」『東北学院大学経営学論集』第 1 号

名和小太郎（2000）「標準化プロセスと知的所有権」新宅純二郎・許斐義信・柴田 高編『デファクト・スタンダードの本質』有斐閣

西谷洋介（2007）『ポーターを読む』日経文庫

野中郁次郎（1985）『企業進化論』日本経済新聞社

沼上 幹（2008）『わかりやすいマーケティング戦略　新版』有斐閣

沼上 幹（2009）『経営戦略の思考法』日本経済新聞出版

沼上 幹（2016）『ゼロからの経営戦略』ミネルヴァ書房

小川紘一（2015）『オープン＆クローズ戦略　増補改訂版』翔泳社

恩蔵直人（2007）『コモディティ化市場のマーケティング論理』有斐閣

大薗恵美（2020）「第19回ポーター賞受賞企業・事業に学ぶ」『一橋ビジネスレビュー』Spr.

Perry L. T.（1990）*Offensive Strategy*，Harper Business（恩蔵直人・石塚浩訳〈1993〉『攻撃戦略』ダイヤモンド社）

Porter M. E.（1980）*Competitive Strategy: Techniques for Analyzing Industries and Competitors*，Free Press（土岐 坤・中辻萬治・服部照夫訳〈1982〉『競争の戦略』ダイヤモンド社）

Porter M. E.（1985）*Competitive Advantage: Creating and Sustaining Superior Performance*，Free Press（土岐 坤・中辻萬治・小野寺武夫訳〈1985〉『競争優位の戦略』ダイヤモンド社）

マイケル・ポーター・竹内弘高（2000）『日本の競争戦略』ダイヤモンド社

Prahalad C. K. and R. A. Bettis（1986）The Dominant Logic: A New Linkage Between Diversity and Performance，*Strategic Management Journal*，Vol.7

Ries A. and J. Trout（1986）*Marketing Warfare*，McGraw-Hill（小林薫訳〈1987〉『マーケティング戦争』プレジデント社）

Ross J. and D. Sharapov（2015）When the Leader Follows:Avoiding Dethronement through Imitation，*Academy of Management Journal*，Vol.58，No.3

Schaars S. P.（1994）Managing Imitation Strategies，Free Press（恩蔵直人・坂野友昭・嶋村和恵訳〈1996〉『創造的模倣戦略』有斐閣）

千住鎮雄・伏見多美雄・藤田精一・山口俊和（1986）『経済性分析 改訂版』日本規格協会

Shani D. and S. Chalasani（1992）Exploiting Niches Using Relationship Marketing, *Journal of Services Marketing*, Vol.6, No.4

Shapiro C. and H. R.Varian（1998）*Information Rules*, Harvard Business School Press（千本倖生監訳、宮本喜一訳〈1999〉『ネットワーク経済の法則』IDG コミュニケーションズ）

Shenkar O.（2010）*Copycats: How Smart Companies Use Imitation to Gain a Strategic Edge*, Harvard Business School Publishing（井上達彦監訳、遠藤真美訳〈2013〉『コピーキャット』東洋経済新報社）

柴田健一・立本博文（2017）「カニバリゼーションを原因とした同質化の遅れ：日本のビール業界における新製品発売の実証研究」『組織科学』第 50 巻、第 3 号

柴田 高（1992）「ハードウェアとソフトウェアの事業統合と戦略形成」『組織科学』第 26 巻、第 2 号

嶋口充輝（1984）『戦略的マーケティングの論理』誠文堂新光社

嶋口充輝（1986）『統合マーケティング』日本経済新聞社

嶋口充輝（2000）『マーケティング・パラダイム』有斐閣

嶋口充輝編著（2004）『仕組み革新の時代』有斐閣

清水勝彦（2007）『戦略の原点』日経 BP

清水信匡（2016）「日本企業の投資評価技法の多様性」『メルコ管理会計研究』第 8 巻、第 2 号

新宅純二郎（1994）『日本企業の競争戦略』有斐閣

新宅純二郎・淺羽 茂編著（2001）『競争戦略のダイナミズム』日本経済新聞社

Stanton W. J., M. J. Etzel and B. J. Walker（1994）*Fundamentals of Marketing*, MacGraw Hill

手塚貞治（2014）『フォロワーのための競争戦略』日本実業出版社

内田和成（1998）『デコンストラクション経営革命』日本能率協会マネジメントセンター

内田和成（2009）『異業種競争戦略』日本経済新聞出版

内田和成（2015）『ゲーム・チェンジャーの競争戦略』日本経済新聞出版

van Beneden P. J.（1876）*Animal Parasites and Messmates*.Henry S. King，London

Vargo S. L. and R. F. Lusch（2004）Evolving to a New Dominant Logic of Marketing，*Journal of Marketing*，Vol.68，Issue 1

Ward J. L. and S. F. Stasch（1986）When are market leaders most likely to be attacked?，*The Journal of Consumer Marketing*，Vol.3 No.4，Fall

Weick K. E.（1969）*The Social Psychology of Organizing*，*Addison Wesley*（金児暁嗣訳〈1980〉『組織化の心理学』誠信書房）

山田英夫（1987）「マーケット・リーダーの危機」『ダイヤモンド・ハーバード・ビジネス』June–July

山田英夫（1993）『競争優位の「規格」戦略』ダイヤモンド社

山田英夫（1997）『デファクト・スタンダード』日本経済新聞社

山田英夫・遠藤 真（1998）『先発優位・後発優位の競争戦略』生産性出版

山田英夫（2000）「事業構造の変革：アンバンドリングからリ・バンドリングへ」『国際経営・システム科学研究』第31号

山田英夫・冨田健司（2004）『アンバンドリングからリ・バンドリングへ』企業研究会

山田英夫（2008）『デファクト・スタンダードの競争戦略：第2版』白桃書房

山田英夫（2013）「ビジネスモデル間競争の戦略定石」『早稲田国

際経営研究』第 44 号

山田英夫（2014）『異業種に学ぶビジネスモデル』日経ビジネス人文庫

山田英夫（2017）『成功企業に潜むビジネスモデルのルール』ダイヤモンド社

山田英夫（2020）『逆転の競争戦略：第 5 版』生産性出版

余田拓郎・田嶋紀雄・川北眞紀子（2020）『マーケティング・ショートケース』中央経済社

Yoffie D. B. and M. A. Cusumano（1999）Judo Strategy: The Competitive Dynamics of Internet Time，Harvard Business Review，Jan.–Feb.（有賀裕子・黒田由貴子訳〈1999〉「インターネット時代の競争戦略」『ダイヤモンド・ハーバード・ビジネス』Apr.–May）

Yoffie D. B. and M. Kwak（2001）Judo Strategy: Turning Your Competitors' Strength to Your Advantage，Harvard Business School Press（藤井正嗣監訳〈2004〉『柔道ストラテジー』日本放送出版協会）

與那原 建・岩崎卓也（2011）「キーワードで読み解く『戦略の本質』の読み方」『ダイヤモンド・ハーバード・ビジネス・レビュー』June